吉田としひろ 著

実務教育出版

本書の構成

「用語や言い回しが難しくて文章の意味がわからない！」「内容が複雑すぎて頭に入ってこない！」という受験生の声にお応えして，視覚に訴える図版を随所に入れ込み，具体的な例を挙げて，極力優しく易しく解説しています。また，本文中の記述で引っかかりそうなところは，側注で積極的にフォロー！　つまずかない工夫が満載です！

▶試験別の頻出度

タイトル上部に，国家総合職，国家一般職［大卒］，地方上級全国型，市役所上級C日程の4つの試験における頻出度を「★」で示しています。

★★★：最頻出のテーマ
★★：よく出るテーマ
★：過去15年間に出題実績あり
－：過去15年間出題なし

1-1　国総★　国般★　地上★★　市役所★

行政法の基礎
～行政法が果たす役割～

行政法を理解するための準備体操を始めます。

行政法は私たちにとってどんな意味があるの？

・「法律による行政の原理」が必要な理由

いきなりですが，行政からの働きかけを「上から目線的」と感じたことはないですか？

課税される場面を考えてみてください。ある日，家のポストに市からの納税通知書が届いていたとします。開けてみると「〇〇税額が10万円と決定されたので通知します」などと書いてあります。

なんだかしっくりこないものを感じる人もいるかもしれません。自分は市に「10万円払う」などと言った覚えはありません。なぜ，人の意思を確認しないで「税額が10万円と決定しました」と一方的にいうのでしょう。

課税処分と契約

意思（いし）

ある法律効果を発生させようとする気持ちを法律上「意思」といいます。「意志」ではなく「意思」を使うのです。

それは行政行為だからです。そしてこの税額決定という行政行為は法律（条例）に基づいて行われているのですから，一つひとつ住民の了承など得ることはないのです。もう少していねいに説明しましょう。住民一人ひとりは課せられた税金について払ってもいいという意思を示したことはないかも

課税と住民の意思

「いいよ」といっていないのに義務を押し付けてくるのはなぜ？これが行政法を考えるスタート地点です。

16

▶本文部分

教科書のように，そのテーマの制度について，具体例を挙げながら詳しく解説しています。

▶図・表

可能な限り図や表中にも説明を書き加えて，その図で何を理解すべきかがわかるようにしています。

素朴な疑問

初学者が抱きそうな疑問や，ほかのテキストなどには載っていないような初歩的な知識を中心に解説しています。

解き方・考え方

具体例や，さらに突っ込んだ細かい説明，別の視点などを解説しています。

▶要点のまとめ
そのテーマで絶対に覚えておきたい知識をテーマの最後に簡潔にまとめています。

▶側注部分
本文には載せられなかった詳しい説明や，関連知識，ポイントの復習，疑問点のフォローなど，さまざまな要素が詰まっています。

2-2　行政行為の種類

「2-2　行政行為の種類」のまとめ

▶行政行為は，大きく「法律行為的行政行為」と「準法律行為的行政行為」に分かれます。
▶法律行為的行政行為には行政の意思に基づく判断がありますが，準法律行為的行政行為には行政の意思が含まれません。
▶法律行為的行政行為は，さらに「命令的行為」と「形成的行為」に分かれます。

第2章　行政作用法1　一　論①（行政行為（処分））

問題2　行政行為の分類　特別区

行政法学上の行政行為の分類に関する記述として，通説に照ら　　　妥当なのはどれか。

1　公証とは，特定の事実又は法律関係の　　　公に証明する行為をいい，納税の督促や代執行の戒告がこれ　　　る。
2　特許とは，第三　　　為を補充して，その法律上の効果を完成させる行為をいい，　　権利移転の許可や河川占用権の譲渡の承認がこれにあたる。
　　可とは，すでに法令によって課されている一般的禁止を特定の場合に解除する行為で，本来各人の有している自由を回復させるものをいい，自動車運転の免許や医師の免許がこれにあたる。
4　確認とは，特定の事実又は法律関係の存否について公の権威をもって判断する行為で，法律上，法律関係を確定する効果の認められるものをいい，当選人の決定や市町村の境界の裁定がこれにあたる。
5　許可とは，人が生まれながらには有していない新たな権利その他法律上の力ないし地位を特定人に付与する行為をいい，鉱業権設定の許可や公有水面埋立の免許がこれにあたる。

解答

1　妥当ではない。公証の説明は正しいですが，例として挙げられている「納税の督促」や「代執行の　告」は「通知」とされています。
2　妥当ではない。用語の　明も行政行為の例も「認可」のものです。
3　妥当ではない。用語の　　行政行為の例も「許可」のものとなっています。
4　妥当である。
5　妥当ではない。用語の説　　政行為の例も「特許」のものです。

正解　4

47

▶問題
ポイントとなる知識の理解度をチェックできるような良問を選んで掲載しています。

重要ポイント
全員が知っておくべき，覚えておくべき知識を中心にまとめています。ポイントの復習も兼ねています。

補足知識・関連知識
補足の説明や豆知識などを中心に解説しています。

アドバイス・コメント
公務員試験の傾向や，勉強のしかた，著者からのアドバイスなどを載せています。

条文・判例
条文や重要な判例などを紹介しています。

ウォーミングアップ

行政法でつまずかないためのヒント集

「行政法って難しい！」を克服するために，行政法の果たす役割，行政法として出題される範囲や内容，そして学習のためのヒントをお伝えしようと思います。

ウォーミングアップ―1　行政法の正体

（1）公務員の仕事と行政法　～権限を持つ行政を暴走させないしかけ～

行政法を学ばないといけないのはなぜ？

公務員を目指しているみなさんからすれば，「難しくて，めんどうだけど試験科目なので勉強する」というのが行政法なのかもしれません。そんな行政法を「仕事で使うのだからしょうがない」と我慢して勉強していることでしょう。初学者にとって，行政法がなかなかとっつきにくい科目であることは間違いありませんが，行政法の必要性については半分当たっていて，半分当たっていないといったところでしょうか。

たしかに，公務員が行政法に従って仕事をするのはその通りです。ただ，道具というより，行政の権限を一定の範囲のなかに閉じ込める枠のようなものとしての役割が行政法にはあります。これから，学んでいきますが，行政庁（知事や市町村長など）には行政処分という大きな力が与えられています。どうして行政がこんな大きな力を持っているのかといえば，偉いからでも，お金があるからでもなく，国民や住民が与えた（任せた）からなのです。みなさんは「そんな覚えはない」というかもしれません。しかし，私たちひとりひとりが与えていなくとも，国民や住民の代表である議会が法律や条例を定めて与えたものなのです。ただ，法律や条例はそうした権限を与えた半面，権限の限界も定めています。「ここまでならいいけれど…，こうした目的のためならいいけれど

行政法

後ほど詳しく説明しますが，ここでは行政と何らかの関わりがある法律を行政法ととらえましょう。

とっつきにくい行政法

日常生活ではイメージしにくいということが一番大きいように思います。ただ，公務員になればだんだんイメージできますので，一番，親しみのある法律になるかもしれません。

条例

地方議会が定めたその地方公共団体の法令のことです。その地方公共団体では法律に加えて条例も主な行政法となります。

…，ここを超えてはダメ」といったことも定めています。行政法が「行政の権限を一定の範囲のなかに閉じ込める枠のようなもの」といったのはこうした理由からなのです。

行政法に詳しくないまま公務員になったらどうなるの？

公務員は行政庁を助ける存在です。法律や条例が権限を認めた範囲や目的を考えながら権限行使のお手伝いをしていきます。行政法の理解は欠くことができません。

行政庁を助ける存在
補助機関といいます。

ただ，その際，与えられた権限の枠から超えてはいけないということばかり気にしてしまうと，前例踏襲にこだわり，チャレンジできない公務員になります。「これは難しいですね」とか「こんなことちょっとできませんね」ばかりをいいながら定年を迎える公務員になります。

行政法に詳しい公務員

権限を最大限に利用

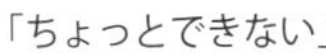

「ちょっとできない」

「難しい」

前例踏襲

与えられた権限のなかで，最大限，国民のため，住民のための行政を実現するには，何より行政法に詳しくならなければなりません。公務員試験で行政法が重視されるのはこんな事情があります。

行政法と採用試験
採用試験にそもそもペーパー試験を課さない人物重視の自治体などもありますが，入庁後，その分，行政法を勉強しなければならないのです。

（2）「行政法」で学ぶ内容

テキストなどに出てくる「行政法の一般理論」って何？

私たちが学ばなければならない行政法というものの正体を迫ってみましょう。まず，後ほどお話ししますが，行政法という法律はありません。行政に関する法律を行政法といっています。具体的には行政手続法，行政事件訴訟法，行政不服審査法，国家賠償法，地方自治法などの法律を学びます。さらに，「行政法の考え方」を行政法の一般理論といいますが，これも行政法という科目に含まれています。

「男の料理教室」に申し込んだところ，最初は料理を教えてくれず，包丁の使い方や調味料の種類などを教えられるということがあるかもしれませんが，行政法の一般理論もそれに似ています。

行政法の一般理論

「行政法の一般理論」の内容は国民・住民との関係でも問題となることが多いので，公務員試験のテキストでは「行政作用法」のなかで説明されている場合があります。

公務員試験での行政法

「行政法の一般理論」と「個別の行政法」を合わせたものが公務員試験でいうところの「行政法」なのです。

行政法って条文を読んでいればいいの？

行政法の学び方も先に触れておきましょう。行政法がおもしろくないのは、条文に重要な手続もそうでない手続も淡々と並んでいるからかもしれません。「赤い文字で書かれた条文が重要な手続です」なんて六法があればいいのですが，そうではないのです。そこで，テキストではそのなかの重要な手続を切り出して記述しています。テキストに書かれたこうした手続のなかには，単純に覚えなくてはならないものもあります。しかし，自分なりに手続の意味を考えながら学ぶと少しだけ「面白味」が出ます。たとえば，「不服申立ては，立ち食いソバみたいなものなんだな，早さと，安さと，そしてそこそこの味で勝負なんだな」と理解するのはどうでしょう。第三者の意見を聴くしくみを強化した直近の改正も「早さを犠牲にしても，うまさアップの改正なんだ！」と理解することができるかもしれません。

淡々と手続規定が並ぶ

行政法は，ある意味，条文どおりに理解できる部分が多いため，学びやすいと感じる人もいることでしょう。

うまさアップの改正

審理員や行政不服審査会を導入した平成26年改正のことです。後ほど詳しく説明します。

その一方で行政法であっても，特に権利性が問題となる条文では，その解釈が重要となります。たとえば，取消訴訟を起こすには「取消しを求めるにつき法律上の利益を有する者」であることが必要ですが，どんな場合にそれが認められるのか，たくさんの判例を通じて明らかになっています。

取消訴訟

行政事件訴訟法という法律の９条１項では，どんな者が取消訴訟を起こすことができるか規定されています。

行政法を読むには，**①条文を正しく読むこと**，**②条文を順序立てて読むこと**，**③判例を踏まえて読むこと**が必要になるといえそうです。

❶ 条文を正しく読むこと
⬇
❷ 条文を順序立てて読むこと
⬇
❸ 判例を踏まえて読むこと

ウォーミングアップ—2 行政法つまずき防止学習法

(1) 行政の一般理論は「球拾い」みたいなもの

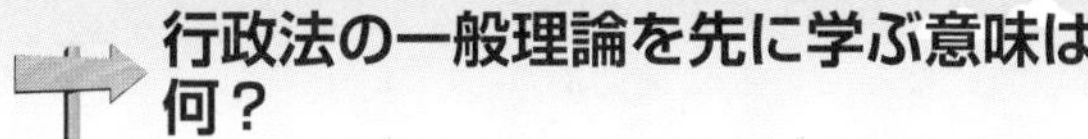

行政法の一般理論を先に学ぶ意味は何？

昔の部活には不合理な練習もあったようです。球技の場合にはいわゆる「球拾い」がそれでしょう。野球だろうが，テニスだろうが，先輩たちが使った球を後輩がひたすら拾い集めるわけです。また，芸の世界では，師匠に弟子入りすると，師匠の家に住み込んで師匠の身の回りの世話をすると聞きました。どちらも，直接，自分の技術を磨くことにはつながりませんが，いくらかでも意義があるとすれば「慣れる」ということでしょう。打撃やサーブをする先輩の姿を身近にイメージとしてとらえることができますし，師匠がどんな風に芸に向かっているか身近に感じることができます。行政法の一般理論も少し似た効用があります。

行政法の一般理論

本書でいえば１章から３章までがそれに当たります。

行政法の一般理論の知識や感覚は公務員の仕事に活かすことができます。ただ，それは少し先のことです。もっと直接的には，個々の行政法を理解することに役立つのです。そのため，テキストでは比較的早いページに掲載されています。とはいえ，言葉も難しいですし，イメージがしにくいことも多いはずです。ですから，最初は「何のことか分からない」という状態でテキストや問題集に向かい合うことになるでしょうが，それはそれでいいのです。難しいかもしれないけれど，戸惑うかもしれないけれど，言葉や考え方にまずは慣れることが重要です。とにかく，覚えて，過去問を繰り返すことです。

理論というぐらいですから，出題される項目や出題され方はいつも同じです。さらに，個別の行政法を学んだあとにもう一度，復習してみてください。最初に読んだときにはわからなかったことがわかるようになっているはずです。そのときには，行政法の一般理論は得点源になっているに違いありません。

仕事に活かす

行政法の一般理論は施策のパターンとそれに向けて注意すべきことなども学ぶものなので，頭の体操としてはもってこいです。

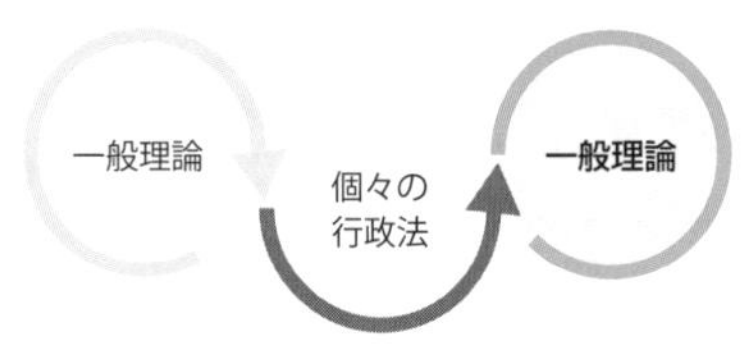

(2) 3つの行政法分野での重点項目

行政組織法の世界はどんなイメージなの？

行政法は行政組織法，行政作用法，行政救済法の3つの分野に分けることができます。それぞれの世界を動物の世界に見立てて少しイメージすることにしましょう。

まず，**行政組織法**の世界には大きな動物は2種類います。カバとゾウです。カバは地方自治法で，大きなゾウは**国家行政組織法**です。地方公共団体に関する組織は**地方自治法**に根幹が定められています。また，国の中央省庁は国家行政組織法に定められています。

カバは水のなかでも陸でも暮らすことができますが，地方自治法も半分は住民と自治体との関係を定めた行政作用法的な要素があります。もう半分は執行機関や議会などの組織や権限を定めた行政組織法です。また，ゾウは子ゾウを２頭連れています。内閣法と内閣府設置法です。小ゾウと思われたうちの１頭は実はゾウのお母さんで，よくみて見ると少し年をとっています。国の行政機関は国家行政組織法だけに規定されているわけではありません。**内閣法**や**内閣府設置法**などにも規定があります。行政権が内閣にあるということを考えると，むしろ内閣法の方が重要です。

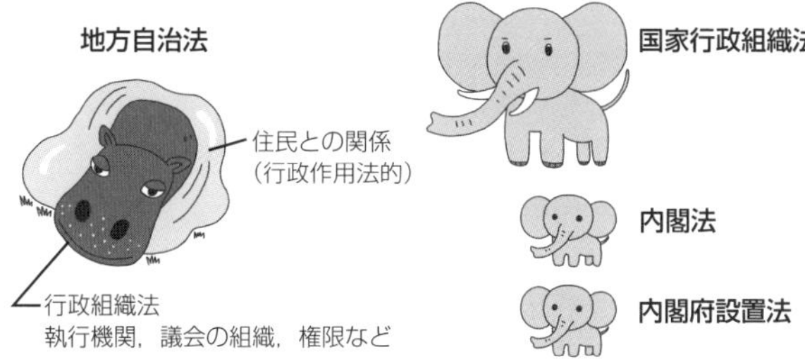

行政作用法の世界はどんなイメージなの？

世の中に**行政作用法**はたくさんありますが，公務員試験で取り上げられる法律はそれほど多くありません。

行政作用法の森にも実にたくさんの動物がいますが，多くは小さな動物でしかも木々に隠れています（公務員試験で直接は出題されません）。さらにいうと，行政作用法の森には大きなスクリーンが立ててあり，恥ずかしがり屋の動物はそのスクリーン越しに姿を見せます。

スクリーン越しですから，体の色や表情などは分かりませんが，動物の特徴は却ってよく理解できます。これが行政法の一般理論です。行政法の一般理論も行政作用法をモデルにしていますが，考え方のエッセンスを取り出して示したものといえるのです。

行政作用法の森でハッキリ姿を捉えることができる大きな動物はたとえるならサイ（**行政手続法**）とキリン（**情報公開法**）ぐらいでしょうか。

条例での整備

行政手続法や情報公開法と共通する内容の条例が地方公共団体では一般に定められています。公務員にとっては身近な内容といえます。

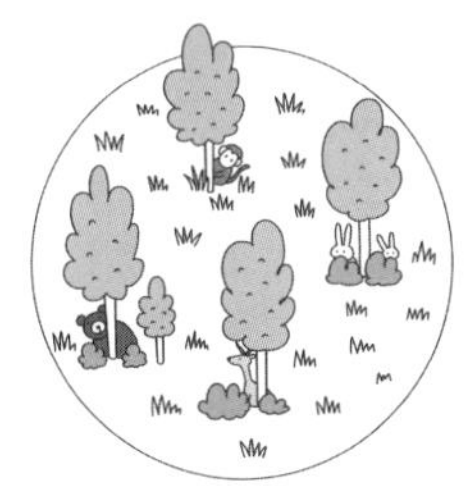

行政救済法の世界はどんなイメージなの？

行政救済法は海の動物でたとえてみたいと思います。

行政救済法の海に住む動物はなんといってもクジラです。クジラはもともと陸上で生活していましたが生活の場を海に移した哺乳類です。小さなものをイルカといいます。

行政救済法は国民との関係を定めたという意味では行政作用法ということもできますが，国などの行為により生じた権利侵害などの救済に関する法律分野を特に行政救済法として区別したのです。

行政救済法の海でひときわ存在感があるのが，マッコウクジラ（**行政不服審査法**）とシロナガスクジラ（**行政事件訴訟法**）です。今はクジラを捕獲することは少なくなりましたが，昔は捕獲したクジラの体のほぼすべてを何らかの形で利用したといいます。行政不服審査法と行政事件訴訟法についても，条文はほぼ全部，出題される可能性があります。少し時間をかけて学習する必要がありそうです。

一方，イルカ（**国家賠償法**）からの出題は主に判例です。ところがこの判例の数が多いという特徴があります。

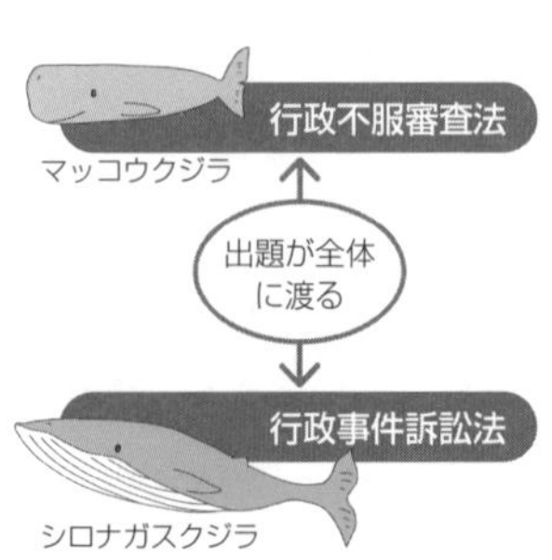

判例

判決は，裁判所がある法的なトラブルに対して解決策を述べたものです。ただ，判決文のなかには，解決策の前提として条文の解釈などを明らかにした部分などもあり，その部分が判例として重要なのです。

ウォーミングアップ―3 学習ローテーション

どんな風に学習すればいいの？

公務員試験の場合，出題範囲が広いので，ある程度の学習時間は必要です。そうであっても，学習の方法により時間を大幅に短縮することができます。

学習時間

「公務員試験受験ジャーナル」（実務教育出版）誌上の合格体験記での学習時間のデータが参考になります。

やはり法律を大学などで学習した人が有利であることは事実です。それなら，『新スーパー過去問ゼミ』（実務教育出版）などの過去問集に取組み，解説が分からない部分だけ本書を参考にしてもいいかもしれません。

一方，行政法がはじめてという場合は，まずは本書を読んでみてください。過去問集と大きく構成を違えていませんから，本書で第１章を読んでから，次に過去問集の対応する部分に取り組むという方法がいいでしょう。

盤石な知識

試験には本書や過去問集で扱われていないことが出題されることもあります。そうした問題が解けなくても気にしないことです。一度，解いた過去問などについてしっかり押さえておけば合格を勝ち取れるはずです。

「本書を先に通しで理解してから過去問に取り掛かりたい」といった気持ちも起きるかもしれませんが，一度に覚えることができる分量には限界があります。**①本書でその章の全体像をつかむ，②その分野の過去問を解く，③分からなかったことをもう一度，本書で確認する**。という順序での学習がいいように思います。章の数だけこれを繰り返せば，盤石な知識が身に付きます。

もう試験まで時間がないけど，どうすればいい？

「もうそんな時間がないよ～」という場合には，メインを『スピード解説　行政法』（実務教育出版）の取組みにおきましょう。理解できなかったところだけ，本書を読み込んでみることをお勧めします。もし，もっと時間がない場合には，比較的，出題されにくい章をバッサリ切ってしまう方法もあります。それぞれの公務員試験では出題傾向のバラツキが多少あります。まずは受験しようとする試験の分析をすることが大事です。その上で思い切りのいい「バッサリ」をしてみてください。一番いけないのが「どの章の学習も中途半端」という状態です。中途半端な知識では公務員試験は乗り切れません。学習したところは，しっかり問題に対応できるようにしておいてください。

出題傾向のバラツキ

たとえば，国の行政機関について地方公務員採用試験で出題されることは稀ですし，反対に地方公共団体の組織については国家総合職試験を除いて国家公務員採用試験に出題されることはめったにありません。「スー過去」の「試験別出題傾向と対策」が参考になります。

 学習する順番を変えてもいいの？

『新スーパー過去問ゼミ』も『スピード解説　行政法』も本書と大きく構成は異なりません。というのは，試験に当たって，もっともパーフォーマンスを発揮できるような学習順にしているからなのです。

しかし，個人的に得意，不得意があろうかと思います。最初に「行政法の一般理論」を学習することは外せないとしても，残りについては学習の順番を入れ替えても大きな学習時間のロスは生じないと思います。

合格のための作戦会議はこのくらいにして，行政法の世界に進んでいくことにしましょう。

第1章

行政と法

行政法の役割と種類を知る

まず，この章では「行政法がどうして必要とされるのか」を学ぶことにしましょう。そして，さらに行政機関と行政法との関係について考えていきましょう。最初はイメージしにくい部分もあるかもしれませんが，学習が進むと，だんだんとこの章で学んだことの意味が分かるようになるはずです。

1-1 行政法の基礎 ～行政法が果たす役割～

国総 ★　国般 ★　地上 ★★　市役所 ★

行政法を理解するための準備体操を始めます。

行政法は私たちにとってどんな意味があるの？

・「法律による行政の原理」が必要な理由

いきなりですが，行政からの働きかけを「上から目線的」と感じたことはないですか？

課税される場面を考えてみてください。ある日，家のポストに市からの納税通知書が届いていたとします。開けてみると「○○税額が10万円と決定されたので通知します」などと書いてあります。

なんだかしっくりこないものを感じる人もいるかもしれません。自分は市に「10万円払う」などと言った覚えはありません。なぜ，人の意思を確認しないで「税額が10万円と決定しました」と一方的にいうのでしょう。

意思(いし)

ある法律効果を発生させようとする気持ちを法律上「意思」といいます。「意志」ではなく「意思」を使うのです。

それは行政行為だからです。そしてこの税額決定という行政行為は法律（条例）に基づいて行われているのですから，一つひとつ住民の了承など得ることはないのです。もう少していねいに説明しましょう。住民一人ひとりは課せられた税金について払ってもいいという意思を示したことはないかも

課税と住民の意思

「いいよ」といっていないのに義務を押し付けてくるのはなぜ？これが行政法を考えるスタート地点です。

しれません。しかし，自分のたちの代表である議員が代わって「払ってもいいよ」といったということは事実なのです。法律や条例に基づいて行われるというのはそういうことなのです。こんな場合には，これこれの額の税金を課すということが法律や条例には定められているはずです。

こうしたことから**法律による行政の原理**という考え方が求められます。これは「行政を好き勝手に活動させない」,「行政を国民がコントロールする」といったことを踏まえての考え方です。

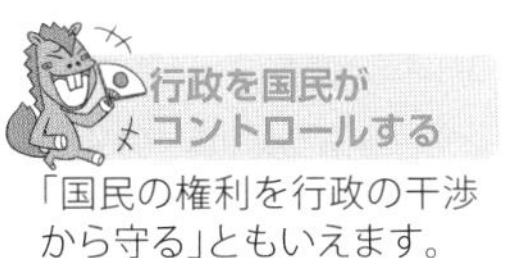

「国民の権利を行政の干渉から守る」ともいえます。

・3つの内容

まず，行政は行政行為という強い権限を持ってるわけですが,「行政が活動するのは法律の根拠が必要だ」と考えられてきました。この考え方を**法律の留保の原則**といいます。なお，法律による行政の原理には，法律の優位の原則と法律の法規創造力の原則も含まれます。

法律の優位の原則というのは，行政の活動と法律の規定がぶつかるときには，法律が優先するということを意味します。別な表現でいえば，法律に反する行政の活動は認められないということもできるでしょう。また，**法律の法規創造力の原則**という考えも含まれています。言葉は難しいですが，内容はそれほど難しくありません。行政法で「法規」という言葉を使うときには，国民の権利義務に関する定めという意味なのです。そうしたことから，法律の法規創造力の原則というのは，国民の権利義務を形作るルールは法律でなければならないという意味になります。

行政法の用語で「法規」という名前が出てきたら「国民の権利義務に関する定め」と思って間違いありません。

「法律による行政の原理」の内容

原則	内容
法律の留保の原則	行政が活動するには法律の根拠が必要とされる原則
法律の優位の原則	法律に反する行政の活動は認められないとする原則
法律の法規創造力の原則	国民の権利義務を形作るルールは法律でなければならないとする原則

行政の活動はすべて法律の根拠が必要なの？

話を「法律による行政の原理」の中心となる「法律の留保の原則」に戻します。行政が活動するには法律の根拠が必要とされるわけですが，どんな行政の活動に法律の根拠が必要となるかについては，いろいろな考え方（説）があります。国民の権利をどう守るかということと，どのようにすれば行政にうまく力を発揮してもらうかをにらんで，いろいろな考え方があるといった方がいいでしょうか。

「行政に好き勝手させない」，「住民一人ひとりに代わって，議会が了承した」ということを考えれば，住民にサービスを与える活動にまで法律（条例）の根拠を求める必要はなく，住民の権利を制限したり義務を課すような活動にだけ，法律（条例）でバインド（縛る，拘束する）したらいいのではないかとも考えられます。これが**侵害留保説**です。長らく，この侵害留保説が通説でした。

ところが，現在は，侵害留保説以外にもさまざまな説が主張されています。なかには，行政は国民（住民）のためのものなのだから，あらゆる行政の活動には法律（条例）の根拠が必要なのではないかという**全部留保説**もあります。全部留保説は少し極端で現実的ではないと考える人も多く，権力行政についてのみ法律の根拠が必要と考える**権力留保説**もあります。権力行政というのは，簡単にいえば，一方的に決める行政のこと。たとえば，近頃，保育所の入所希望者が増えていますが，必要性を踏まえて，どの子を入所させるかを行政が決めるわけです。もちろん，なんらかの基準に従って決めるのですが，この入所決定は権力行政といえるでしょう。権力留保説では，この基準を法律化すべきと考えます。権利侵害ではないけれど，権力的な行政の活動については法律の根拠が必要と考えるのが権力留保説というわけです。**重要事項留保説**は，重要な行政活動については法律が必要だとする考え方です。たとえば，国が一定の地域の開発計画を定めたとします。しょせん，計画ですから，計画を定めただけでは，普通は権利の制限は生じないわけです。しかし，いずれ，この計画に基づいて権利制限がされるかもしれません。その際には法律が定められるわけですが，重要なものについては，計画策定の段階で法律の根拠が必要と考えることもできま

住民にサービスを与える活動
行政がサービスを与える活動分野を給付行政といいます。

侵害留保説
「地方公共団体で権利を制限し義務を課すには条例によらなければならない」とされる地方自治法14条２項の規定は，侵害留保説から説明できます。地方公共団体の議会が定める条例も「法律」の一部と考えられます。

す。本来，法律を定めなくてもいいような行政の基本的な姿勢についてまで，いろいろな基本法が定められている背景には，この重要事項留保説の考え方があるのではないかと感じています。

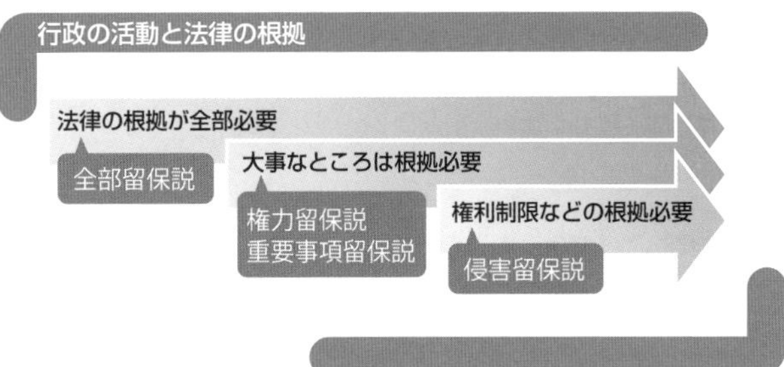

行政法を理解するために必要な考え方はほかにもある？

「法律による行政の原理」のほかにも，行政法は次のような考え方に支配されています。行政法だけの考え方というわけではありません。法一般の考え方が行政法にもルールとして当てはまるといった方がいいでしょう。

「人と人との関係は信頼関係」などといいますが，これは行政と国民との関係でも大事です。これが**信義誠実の原則**というものです。村の工場誘致策に従い企業進出の準備をしていたところ，村長が交替し企業進出が阻まれ損害を被った事例について，「信頼に反して所期の活動を妨げられ，社会観念上看過することのできない程度の積極的損害を被る場合」に「信頼関係を不当に破棄するもの」として「不法行為責任を生ぜしめるもの」とした判例（最判昭56・1・27）があります。政策が変更されることはよくあることですが，この事例については信義誠実の原則に反するほどひどい事例と判断したのでしょう。

次は**比例原則**です。「雀を撃つのに大砲を使ってはならない」。学生時代，そんな風に教わりました。手段は，その目的を達成するための最小限のものでなければならないとする意味を表現しています。

さらに，**平等原則**も行政法では重要です。これはもう説明の必要はないかもしれません。

基本法

○○基本法という法律が増えています。基本法はその分野の行政の基本理念，基本方針，基本計画の根拠を定めた法律のことです。

信義誠実の原則

信義誠実の原則に関する判例にはこんなものもあります。原爆被爆者援護法に基づき健康管理手当をもらっていた者が日本を出国したことを理由に手当が打ち切られました。これは当時の厚生省の通達に従った県知事の措置でしたが，その通達は法令上の解釈として誤りであることが明らかになりました。その人は，過去の手当の支給を求めましたが，その一部について，公法上の債権は5年で消えるとする地方自治法の規定に基づき県知事により拒否されました。裁判所は，こうした主張は信義誠実の原則から許されないとしました（最判平19・2・6）。県知事が手当てを消滅させる行為にかかわっていたと評価できるからです。

信義則

「信義誠実の原則」は「信義則（しんぎそく）」と略して表現されることも多いです！

行政法の一般原則

信義誠実の原則	国や地方公共団体は，国民や住民の信頼を損なわないように行動すべきとされる原則
比例原則	行政の目的を実現するための手段は，その目的を達成するための最小限のものでなければならないとする原則。特に国民の権利を制限するような場面では，厳しく比例原則が問われる
平等原則	行政が国民を合理的な理由なく差別をしてはならないとされる原則

行政主体と行政機関ってどう違うの？

「私ども県では～」などと窓口で説明されることがあります。「嘘つけ，あなたは担当の田中さんだろうが…」といいたいところですが，これでいいのです。確かに窓口で話をしているのは田中さんですが，田中さんは県の立場を県の一員として話しているからです。

地方自治法２条１項には「地方公共団体は，法人とする」とあるのように，自治体は，法人です。人間と同じように権利義務の主体になることができるのです。田中さんはその県の手足として働いているわけなのです。

権利義務の主体として行政活動を行う法人を行政主体といいます。都道府県や市町村は行政主体です。また，法律などで本当なら行政がやりそうな事業を使命として与えられ作られた法人があります。これを**特殊法人**と呼びます。こうした法人も行政主体となります。

行政主体という言葉を紹介しました。行政機関という言葉も知っていることでしょう。この行政主体と行政機関との関係です。行政主体というのは，田中さんという人間がいれば，田中さんが行政主体で，田中さんの手足や頭脳が行政機関となります。会社という法人でいえば，○○株式会社という会社が行政主体のようなもので，社長とか，総務部とか営業本部がそれぞれ行政機関となるイメージです。

合理的な理由

合理的な理由のない取り扱いの違いは差別として許されません。逆にいえば，合理的な理由があれば取扱いの違いが認められる場合があります。たとえば，所得税は所得の多い人ほど高い率で負担しています。応能負担（たくさん負担できる者がたくさん負担する）という考え方があるからです。

法人

法が作った人の意味。人には法人と生身の人間である自然人（しぜんじん）があります。この考えにより法人は，はじめて権利を手にしたり，義務を負ったりする主体になれます。

行政主体と行政機関の関係

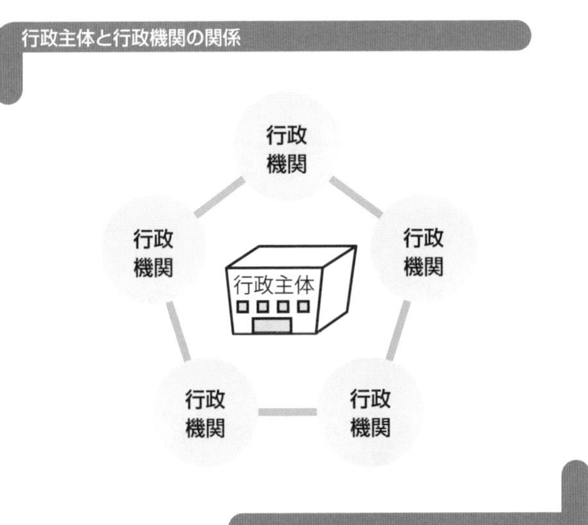

行政機関にどんなものがあるのかはのちほどお話ししますが，行政主体のために一定の役割をもって働く組織を**行政機関**といいます。

県庁の○×課の窓口で働いている田中さんは，知事の決定や行政運営を助ける役割を担っている職員の一人ですから，行政機関（補助機関）ということになります。

公法と私法はどう違うの？違うとどんな意味があるの？

国・地方公共団体と国民（住民）との関係を定めた法律や行政の組織を定めた法律を**公法**といいます。一般の私人どうしの関係を定めた法律を**私法**といいます。

行政にかかわる法律がすべて公法かといえばそうではありません。たとえば，市役所だってコピー機を組織でリースしたりしています。これは民間の会社がコピーをリースするのと何の違いもありません。ですから，リース契約は相手が民間企業であろうと市役所であろうと私法（民法）が適用されます。

では，公営住宅の使用関係はどうでしょう。法令に規定された公営住宅の役割に照らして，誰を入居させるかは行政が決めます。これは行政行為となり公法関係です。

しかし，いったん入居させたら，民間のアパートやマンシ

公法・私法と公務員

以前は公務員の採用試験や研修は憲法や行政法といった公法に重きが置かれていました。ところが，現在では民法といった私法も重要視されています。行政が契約にかかわる場面も多くなっていますし，近頃では行政が協定を結ぶなど伝統的な行政手法ではない方法で行政の意思を実現することが増えたからでしょう。公法の知識だけでなく，私法の知識もバランスよく身に付けた公務員が求められています。

ョンと大きく変わりはないのですから，私法（民法や借地借家法）がベースになります。

今や「行政だから公法」というシンプルな関係ではなく，行政の活動をよく分析して，公法関係であるか，私法関係であるか判断するべきものとされています。

「公法とか私法とか区別する必要などないじゃないの？」と思ったかもしれません。それがあるのです。公法上の債権を**公債権**といいます。たとえば，健康保険料などは公債権です。公債権だと一定の期間が過ぎれば債権が自然に消えます。いわゆる**消滅時効**というものです。私債権の場合にも消滅時効はありますが，「時効という制度があるなら私，それ使います！」という意思表示があってはじめて債権が消滅します。これ以上は詳しく触れませんが，こんな風に，公法か私法かということの区別は今でも意味のある部分が残っています。

消滅時効利用の意思表示

消滅時効利用の意思を示すことを時効の援用といいます。

公法・私法の区別の意味

裁判手続の面でも行政事件訴訟法を利用できるのかといった問題，解釈の面でも私法なら対等な者どうしの権利調整を主に考えるなど違いがある部分もあります。

いまさらなんだけど，行政法って何？

行政法にはいくつかの種類があります。行政法の本では，たいがい，**行政作用法**，**行政組織法**，**行政救済法**の３つに分けています。

行政作用法は行政の国民への働きかけを定めた法律です。たとえば，「○○をするには許可を得なければならない」などの条文を持つ法律は行政作用法です。

行政組織法はその名前のとおり，行政の組織を定めた法律です。内閣法には，内閣に置かれる組織とその権限について規定されています。まさしく行政組織法です。

行政救済法は，行政により被害・損害を被った国民を救済する法律です。行政と国民との関係という意味では行政作用法の一部ともいえますが，救済という分類で行政救済法として分けています。のちほど学習する行政事件訴訟法や行政不服審査法は行政救済法です。

ただ，行政法がきれいに３つに分かれるかというとそうでもありません。たとえば，中央省庁の組織のおおもとを定めた国家行政組織法は行政組織法ですが，地方自治法は，地方公共団体の組織を定めるとともに，地方公共団体と住民との関係も定めていますので，行政組織法であり，行政作用法で

行政法の分類

世の中の法律のうち行政法の割合は高いです。しかも，圧倒的に数が多いのは行政作用法です。しかし，公務員試験で出題される行政法は行政救済法のウエイトが高いという特徴があります。それは行政と国民との関係や行政の本質を学ぶのに適しているからです。

もあるといえるのでしょう。行政組織法の要素と行政作用法の要素があるものがあること，行政救済法は行政作用法から救済という目的を持つ法律を抜き出したものであることを図で示すとこんな感じでしょうか。

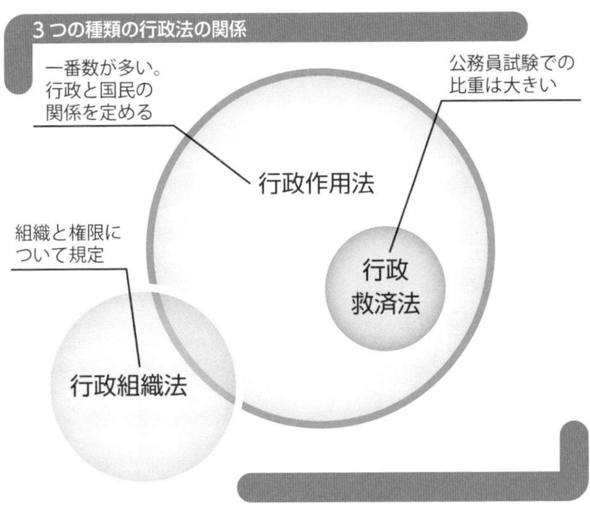

制定権者でも行政法を分類できるって聞いたけど？

いろいろと言って恐縮なのですが，実はこれまで説明してきた「行政法」という言葉です。法律以外にも，政令，省令，条例，規則など，いろいろと種類があります。「ビール」といっても，正式なビールだけでなく，発泡酒やいわゆる第三のビールを含めていいますが，同じようなことが「行政法」にもあります。

行政法とされる，法律，政令，省令，条例，規則ですが，その制定権者が異なります。法律はもちろん国会が定めますが，政令は内閣が，省令は各大臣が定めます。条例は地方公共団体の法令でその議会が制定します。地方公共団体での規則は長（知事や市町村長）が定めるものです。

省令

厳密には省令ではありませんが，省令と同じランクの国の法令に内閣府令があります。内閣府の長（内閣総理大臣が務めます）が定めるのが内閣府令です。

国の他の法令

このほかにも，国の行政法には「○○庁」や「○○委員会」が定めたルールもあります。これを外局（がいきょく）規則といいます。公正取引委員会規則，国家公安委員会規則などがその例です。

主な法令と制定権者

		制定権者
国の法令	**法律**	国会
	政令	内閣
	省令	大臣
地方公共団体の法令	**条例**	地方公共団体の議会
	規則	首長（知事・市町村長）

また，分からないハラスメントを起こしそうな話をして恐縮なのですが，行政法に関する一般的な話のときに「法律」といえば，条例を含めていう場合も多いものです。法律が国民の代表である国会が定めた法令であるように，条例も住民の代表である地方公共団体の議会が定めた法令であるからです。

最初は「法律」に条例が含まれるか，あまり気にしないで読み進めてください。学習が深まるとなんとなく分かるようになります。これに対して個別の行政法の解説のなかで「法律」とあれば，国会で成立した正式な法律のことを指しています。

委員会規則

地方公共団の規則には教育委員会や公安委員会などが定める規則（委員会規則）もありますが，これは知事や市町村長といった首長が定める規則よりワンランク下の規則です。試験ではあまり扱われないので表では省略しています。

「1-1　行政法の基礎」のまとめ

▶「行政を国民がコントロールする」ことを踏まえての考え方に「法律による行政の原理」があります。

▶法律による行政の原理は，「行政が活動するには法律の根拠が必要だ」とする「法律の留保の原則」が中心になります。

▶権利義務の主体として行政活動を行う法人を行政主体といいます。都道府県や市町村は行政主体です。

▶法律は大きく公法と私法に分けられますが，行政法は公法に属します。

▶行政法は，行政作用法，行政組織法，行政救済法の３つに分けることができます。

1-2　国総 ★★★　国般 ★　地上 ★★　市役所 −

権限の委任と代理
〜権限を他の行政機関に行わせる方法〜

行政機関の権限は法律によって与えられているわけですが，そうした権限を他の行政機関に与えたり代わりに行使してもらったりする場合のルールもあります。ここでは行政機関の権限と法律との関係を学びましょう。

法によって与えられた行政機関の権限は絶対に動かせないの？

「法律の留保の原則」から，当然に，国民の権利を制限したり義務を課す場合には法律によらなければならないとされています。さらにいえば，行政の組織や権限もそのおおもとの部分は法律で定められています。組織や権限は行政のパワーにつながりますから，行政組織や権限についてもそのおおもとは法定化されなければならないと考えられているのです。これもある意味，国民の権利を行政の暴走から守ろうとするしくみの一つといえます。

ただ，実際の行政にはフレキシブルな面も必要です。気が遠くなるような数の許可を大臣や知事などが一人で行っているかというとそんなことはありません。

会社の場合には，社長が持つ権限を下の者に下ろしたり，社長のハンコを実際には別な人が押していたりするものですが，行政機関の場合にも似たようなしくみがあります。ただ，民間の組織と違うのは，おおもとの権限が法によって定められているということです。その権限を行政の都合で勝手に移してしまったら，法で定めた意味がなくなってしまいます。

そこで法律によって与えられた権限を守りつつ，フレキシブルな行政を実現するための権限に関する理論ができあがっています。実際には与えられた権限を他の行政機関にさせるしくみがあるのです。権限の委任や権限の代理といったしくみがそうです。

法律

法律の留保の原則でいうところの「法律」には，地方公共団体においては「条例」も含みます。

権限の委任と代理の違い

権限の委任と権限の代理の違いは試験の頻出事項です！

「権限の委任」と「権限の代理」はどう違うの？

・権限の委任

まず，法律によって与えられた行政機関の権限を他の行政機関に与えてしまう場合があります。これを**権限の委任**といいます。大臣の許可を，出先機関の長に移す場合などはこれに当たります。権限の委任が行われると，もとの行政機関は権限を失います。権限の委任は法律によって与えられた行政機関の権限を変更することです。当然，法律によらなければなりません。そして，この権限が許可権限だとすると，許可権者の名前は任せた先の行政機関（出先機関の長）の名となります。

出先機関

「国の出先機関」という表現をよくしますが，正式には地方支分部局といいます。

権限の委任

行政機関は全部の権限を委任することはできません。法律で権限を与えた意味がなくなるからです。

・権限の代理

これに対して，**権限の代理**という概念があります。権限の行使だけ別な行政機関に任せてはいても，権限を移すわけではありません。名前はそもそもの行政機関の名で行い，法的な効果もそもそもの行政機関に生じます。

たとえば，これは民法の世界のことですが，吉田さんが田中さんの代理として車の販売店に出向いて車を買ったとします。その場合にはその車は田中さんのものですし，車の代金を支払うべきなのも田中さんのはずです。行政法の代理もこれに似ています。

民法上の契約

民法上の委任は委任契約によります。

代理はそもそも権限が移動しないのですから，代理を行うのに法律の根拠は必要ありません。代理を求める行政機関が「代理して」と言い，代理を行う行政機関が「××の代理として行います」と言えばいいことになります。しかし，時には，どんな場合に，誰に代理を任せるか法律に規定されている場合があります。たとえば，地方自治法では「普通地方公共団体の長に事故があるとき，又は長が欠けたときは，副知事又は副市町村長がその職務を代理する」（地方自治法152条1項）とあります。このように法律の根拠を基に行われる代理を**法定代理**といいます。法定代理以外の代理（授権行為によって行う代理）を**授権代理**といいます。

授権行為

代理権を与える行為を授権行為といいます。

委任と代理の違い

		法律の根拠	効果の帰属先
委任		必要	委任先の行政機関
代理	法定代理	必要	もとの行政機関
	授権代理	不要	もとの行政機関

・専決と代決

また，特に判断の必要ない事項やすでに判断がされている事項について，行政庁（その行政の責任者）のハンコをその部下に押させるというようなことが行われています。この場合には，行政庁が部下を手足として使っているだけなのですから，なんら法律の根拠を必要としません。こうした場合を**専決・代決**といいます。

専決と代決の違いは，たとえば市長がいても，その許可証については，A部長が市長のハンコを使って作成するとあらかじめ内部のルールで決められているのが専決です。代決は，市長が不在のときに臨時的に行われる同様の事柄を指します。

行政庁

行政庁というのは，行政の意思を決定し，それを外部に示す権限がある行政機関のことです。大臣や知事，市町村長などをイメージすればいいでしょう。

権限の委任や代理のとき，指揮命令権はどうなるの？

しばしば公務員試験で問題となるのが，委任をしたり，代理をしたりしたときに，「もとの行政機関の指揮監督権は残っているの？」ということです。

代理は，もとの行政機関の名前で行われ，その効果も，もとの行政機関に生じます。代理させている行政機関に対しては，当然，指揮監督権が及ぶことになります。

これに対して，委任の場合はどうかというと，もとの行政機関は権限を失い，権限は委任先の行政機関に移るのです。ですから，普通に考えれば，指揮監督権も失うことになります。ただ，ここからが少し複雑なのです。下級行政機関（部

権限の委任は上級行政機関から下級行政機関にされることも多いものです。そこで，上級行政機関が持っている指揮監督権が問題となります。

下の行政機関）に委任した場合には，依然としてもとの行政機関は上司に当たりますので，上級行政機関として指揮監督権を失うわけではありません。大臣が出先機関（地方支分部局）の長に権限を委任したときなどはこの場合に当たります。

上級行政機関の権限にはどんなものがあるの？

話の後先が逆になってしまいましたが，上級行政機関が下級行政機関に対して有している権限についても説明しておきましょう。

少し前まで，どこの会社でも部長，課長，係長など，役職を見れば，どのぐらい偉いのかイメージが湧きました。ところが，今や，フロアマネージャーだとか，シニアマネージャーだとか，イメージしにくい役職が増えています。世の中の変化が激しいなかでは，ピラミッド構造の上意下達の組織では，生き残れないと民間企業が考えてのことなのでしょう。

ところが，役所の組織はいまだにピラミッド構造です。それは，行政の意思というのは大臣や知事や市町村長などのトップが決めて，その意思の下に働く機関であることを求められているからです。法律から与えられた権限行使の結果は行政のトップが負います。その責任を明らかにする意味でも意思の統一が第一に必要だと考えられているからです。こうした点から，上級行政機関は下級行政機関に対して次のような権限（指揮監督権）を持っています。上級行政機関が下級行政機関に有しているこうした権限をみんな合わせて，**指揮監督権**といいます。行政の意思統一を図るための権限なのです。

対等な行政機関どうしは「協議」によって意思統一を図ります。

指揮監督権の種類

調査監視権	訓令権	許認可権	取消権
事務を調査，監視する権限	一定の行為を命令する権限	一定の行為について，あらかじめ許可などを求めさせる権限	違法・不当な行為を取り消す権限

「1-2　権限の委任と代理」のまとめ

▶行政機関の権限は法律で定められていますが，他の行政機関に行わせる方法があります。それが，「権限の委任」と「権限の代理」です。

▶権限の委任は，法律によって与えられた行政機関の権限を他の行政機関に与えることです。当然，法律によらなければなりません。

▶権限の委任の場合には，もとの行政機関は権限を失い，委任を受けた行政機関が権限を手にします。

▶権限の代理は，権限の行使を別な行政機関に任せてはいても，権限を移すわけではありません。権限はそもそもの行政機関の名で行われ，法的な効果もそもそもの行政機関に生じます。

▶権限の代理には，法律の根拠を有する法定代理と，授権行為によってのみ行う授権代理があります。

1-3　国総 ★★★　国般 ★　地上 ★　市役所 ★★★

行政立法
～行政が行う立法って？～

行政立法というのは言葉として少し変な感じがします。「立法するのは，国会や地方公共団体の議会なのでは？」と思った人も多いのではないでしょうか。実は，行政立法の「立法」は「ルール」という意味で使われています。この「ルール」には，法律や条例を詳しくしたもの，法律や条例をどう運用するかルール化したものなどがあります。こうした行政が作る「ルール」について学ぶことにしましょう。

行政立法は誰に向かられたものなの？

行政立法には，国民に向けられたものもあれば，行政内部に向けられたルールもあります。ますは，国民に向けられたものから説明しましょう。

架空の例ですが，喉につまらせると危ないからという理由で，３歳以下の子供にはキャンディを食べさせてはいけないと法律で規定したとします。これは権利制限なので法律で規定しなければならない内容です。ただ，「食べさせていけない」としたのは，子供がのどにつまらせる危険性があるからです。キャンディでもその危険性がなければ規制する必要はありません。そこで，政令を定めて除外するものを定めました（下の表参照のこと）。この政令は内閣が定めるものですから行政立法の一つということになります。政令を含めた法律の内容は国民に向けられたものです。

法律と政令の関係

法律	３歳以下の幼児にはキャンディを食べさせてはならない。ただし，のどに詰まらせるおそれがないものとして政令で定める大きさ以下のものについてはこの限りではない。
政令	法○条で定める大きさは，円形のものにあっては直径は６㎜，そうでないものにあっては一番長い辺又は対角線が７㎜とする。

このように法律の内容をさらに細かく定めた行政立法として，国の法令では政令，省令などがあります。法律が定める内容や手続を細かく規定したのが政令，さらに法律や政令が定める内容や手続を細かく規定したのが省令です（併せて「政省令」といいます）。

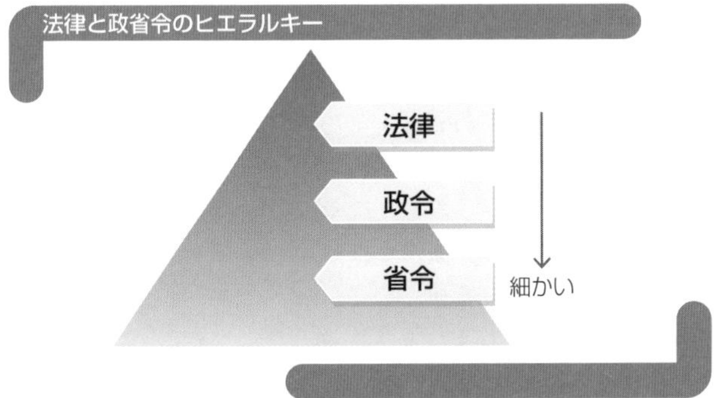

地方公共団体では，条例内容を細かく規定するのは首長が定める規則となります。規則は別に条例がなくとも定めることができるのですが，条例を受けてさらにその内容を細かく定めるときにも使われます。こうした規則を**条例施行規則**といいます。いずれにしても，規則は知事や市町村長が定めるものですから，行政立法ということができます。

委任命令と執行命令の違いを教えて！

法律を受けて定められる政省令や条例を受けて定められる条例施行規則の話をしました。これらは国民（住民）に向けられたルールといえます。行政法の世界では「国民の権利義務にかかわる定め」という意味で「法規」という言葉があります。こうしたことから，国民の権利や義務にかかわる行政命令のことを**法規命令**といいます。

そして，法規命令のうち，国民の権利・義務を形作るものは，単独では定められません。法律や条例と離れて，独立して国民の権利を制限したり，義務を課すいわゆる**独立命令**は現在の憲法の下では認められないのです。国民の権利・義務を形作る行政立法は，法律や条例におおもとの規定が必要であり，それを受けてその内容を細かく定めるものだからです。法律や条例におおもとの規定がある行政立法を**委任命令**

条例施行規則

条例の内容や手続を細かく定めた規則のことです。知事や市町村長といった首長が定めます。法律では政省令があるのですが，条例にはそうしたものがないので，その代わりに条例施行規則があるのです。

独立命令

明治憲法の下では，天皇が独立命令を出すことができました。

といいます。先ほどの架空の例でいえば「のどに詰まらせるおそれがないものとして政令で定める」の部分が法律の委任の部分になります。そしてそれを受けて定められた政令が委任命令なのです。国民の権利・義務を形作る行政立法が，委任された内容を超えてしまった場合には，違法という評価を受けることになります。

ただ，国民の権利や義務に関するものであっても，直接は国民の権利・義務を形作るとはいえないものは，法律に委任の規定がなくても定めることができます。たとえば，許可の申請書の書式を省令で定めるような場合がそうでしょう。こうした政省令などのことを**執行命令**といいます。法律を執行する手続として必要な行政の命令という意味です。執行命令は特に法律の委任がなくても定めることができるとされています。

委任を超えた法規命令

未決勾留中の者（判決が確定していない間に勾留されている者）の幼年者（14歳未満の者）との接見を禁止した監獄法施行規則（省令）が，監獄法の委任の範囲を超えて無効なものとした判例（最判平３・７・９）があります。

行政内部に向けられた行政立法もあるの？

最初にお話ししたように行政命令には，行政内部に向けられたものもあります。これを**行政規則**と呼んでいます。行政規則には，上級行政機関から下級行政機関に出す命令や指示である**通達**や**訓令**があります。また，仕事をする上での基準となるマニュアルも挙げることができます。一般的に**要綱**と呼ばれているものがそうです。

要綱

後ほどお話ししますが，行政手続法（行政手続条例）では審査基準，処分基準，行政指導指針といった要綱を定めるべきことを求めています（４章参照）。

法規命令と行政規則との違い

国民の権利義務に関わる行政が作ったルール＝法規命令	委任命令
	執行命令
直接，国民に向けられたものでない行政が作ったルール（行政内部に向けられたルール）＝行政規則	

さらに行政規則について説明すると，通達，訓令は行政内部に向けられたものですから，国民を拘束するものではありません。法令などではありませんから，裁判所も通達・訓令を基に法令を解釈する必要はありません。「○○法第××条はこのように解釈すべきものとする」といった解釈通達が出ていたとしても，それは行政の解釈にすぎないのです。

また，告示というものも行政規則に挙げることができま

通達の性格

最高裁判所の判例（最判昭43・12・24）でも，通達は，原則として，法規の性質をもつものではなく，一般の国民は直接これに拘束されるものではないとしています。

す。職員向けのマニュアルともいえるものが要綱であると説明しましたが，その内容が国民（住民）に関係するものである場合に，オープンにしたものが**告示**なのです。ただ，古い法律ではこの告示が法律の委任を受けて定められ，あたかも省令のように権利・義務を形作ることがあります。この場合の告示は法規命令に分類できます。

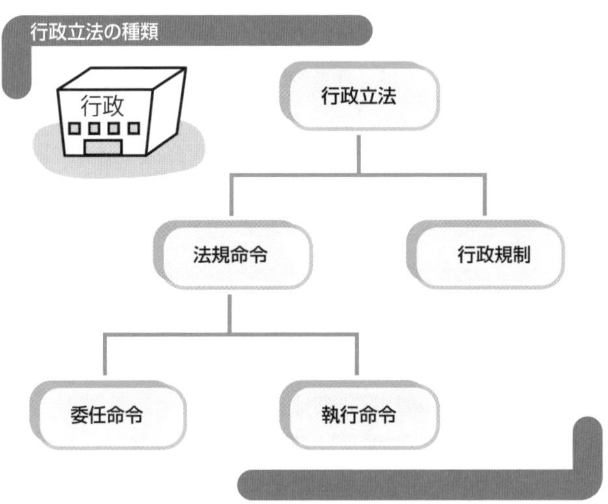

高等学校学習指導要領は旧文部省の告示ですが法規としての性格を有するとした判例があります（最判平2・1・18）。

「1-3 行政立法」のまとめ

▶行政が作るルールを行政立法といいます。

▶行政立法については国民の権利義務に関わるルールと行政内部のルールがあります。前者を法規命令，後者を行政規則といいます。

▶法規命令は国民の権利義務を形作る委任命令と，法律の執行手続などについての執行命令に分かれます。

▶行政規則はいろいろです。上下間の命令的な定めである通達・訓令，組織内のマニュアル的な要綱，住民へのお知らせ的な要素のある告示などがそれです。

問題1　行政立法　国家総合職

行政立法に関するア～オの記述のうち，妥当なもののみを全て挙げているのはどれか。

ア．法律が政令に委任しているにもかかわらず，当該政令が更に一部の事項について省令に再委任することは，許されない。

イ．法規命令のうち執行命令は，国民の権利義務の内容ではなくその内容を実現する手続を定めるものであることから，必ずしも個別具体的な法律の根拠を必要としない。

ウ．旧監獄法は，在監者との接見に当たっての制限について命令で定める旨規定しているが，これを受けた旧監獄法施行規則は，未決勾留により拘禁された者と14歳未満の者との接見を許さないとする限度において，旧監獄法の委任の範囲を超え，無効であるとするのが判例である。

エ．解釈基準は，上級行政機関が下級行政機関に対して発する法令解釈の基準であり，下級行政機関を拘束するものであることから，解釈基準に基づいて行われた行政庁の処分の適法性を裁判所が判断するに当たっては，まず当該解釈基準に基づいて裁判所として適法性を検討することとなる。

オ．行政庁が作成する内部基準である裁量基準は，個々の行政庁の恣意的な判断を排除することを目的として定められるものであるから，行政庁の裁量が認められる事項であっても，行政庁が裁量基準を逸脱した処分を行うことは認められない。

1　ア，ウ　　2　ア，オ　　3　イ，ウ
4　イ，エ　　5　エ，オ

解答

ア　妥当ではない。再委任は禁止されているわけではありません。ただ，全部の内容を省令に再委任するのはいけません。

イ　妥当である。執行命令は必ずしも法律の具体的な根拠規定を必要としません。

ウ　妥当である。設問どおりの判例（最判平3・7・9）があります。

エ　妥当ではない。解釈通達は行政機関内部でこう解釈しようとするものです。裁判所の解釈を拘束するものではありません。

オ　妥当ではない。裁量基準はいわば行政内部の基準です。裁量基準を逸脱していたとしても違法とならないなら，そうした処分も裁判所において認められる余地はあります。

以上のことから妥当なものは，**イ**と**ウ**であり，正解は**3**となります。

正解3

第2章

第2章　行政作用法 1

一般理論①（行政行為（処分））

行政行為の正体に迫る

この章では行政行為というものについて学びます。行政作用法というのは，国民への働きかけを定めた法律ですが，働きかけのうち，行政にしかできない重要な働きかけが行政行為なのです。

行政行為は行政処分ともいいます。行政行為は行政目的実現のためのある意味，最終手段です。行政がどんな条件の下でこうした力を与えられているのか，また，その力（効力）にはどのような特徴があるのか，理解しておきましょう。

2-1　国総 ★　国般 ★　地上 ★　市役所 ー

行政行為とは
～行政しか行えない行政らしい行為～

行政法の学習ではよく耳にする行政行為という言葉。ここでは，その正体をとことん掘り下げていきます。

そもそも行政行為って何？

・行政行為とは

すでに第１章で行政行為という言葉を使いましたが，「行政行為って何だろう？」と思っている読者もいることでしょう。これって結構難問なのです。

行政が行う行為をすべていうのではありません。行政が行う行政らしい行為を**行政行為**といいます。許可とか，免除とか，あとでいろいろな例が出てきますが，先に説明してしまうと，次のような要素を持った行政の行為といえます。

行政の行為

行政行為以外に行政契約，行政立法，行政指導なども行政の行為です。

行政行為の要素

・特定の私人を「狙い撃ち」にする
・直接，権利を制限したり，利益を与えたりする
・法令に裏付けされたもの
・上から目線の一方的なもの

・行政行為の例

たとえば，俳句サークル「ひなげし」が公民館のホールを借りることにしたとします。代表者の名前でその使用許可をとりました。

この許可はひなげしの代表者に対して行うものです。許可

した日時の使用の権利を与えるものです。公民館条例に基づいて行った教育委員会の許可なのです。許可は条例などに基づき問題がなければされるものです。教育委員会側が「どうしようかな？」と言ったり，ひなげしの代表が「お願いしますよ，是非」なんてやり取りはしないのが普通です。一方的に決められるものであり，公民館の使用許可は行政行為ということになりそうです。

契約との違い

契約と違い相手方との意見の合致は必要としません。「一方的なもの」と言ったのはそういうことです。

・行政行為でないもの

では，こんな例はどうでしょう。これまで無料で回収してくれていた家庭ごみを有料化する場合です。廃棄物関係の条例を改正して手数料をとることにするわけですが，この場合，「特定の私人を狙い撃ちにする」ということがありません。新たに負担を負わせる政策ですが，市民すべてが対象となります。ですから，ゴミ有料化の条例改正は行政行為とはいえないのです。

関連判例

稀な例として，保育所を廃止する条例を行政行為と同様に扱った判例（最判平21・11・26）があります。また5-3で触れます。

また，行政指導も一般的に行政行為ではありません。「お願いベース」で行うものだからです。行政計画の決定も第1章で学んだように，決定されたからといって，一般的に，国民の権利が制限されるようなものでもありません。ですから，行政行為でないのが普通です。

関連判例

行政指導についても行政計画についても，処分性を認めた（行政処分みたいなものと判断した）判例があります。これも5-3で触れますね。

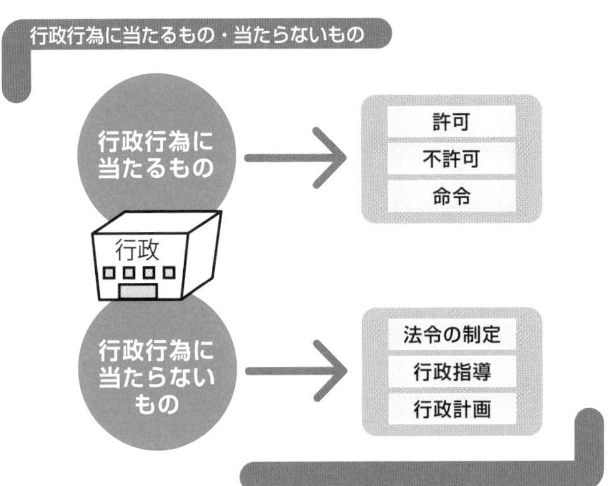

行政行為は**行政処分**といったり，条文に出てくるときには，単に**処分**と表現されたりします。行政法の本やテキスト

ではいろいろな表現で使われていますが，まずは，「行政行為」と「行政処分」と「処分」はほぼ同じ意味と理解しておきましょう。そして，ひとことだけ付け加えるなら，行政行為より行政処分の方がほんのわずかだけ範囲が広いということです。行政行為に当たらない行為であっても，例外的に行政行為のように国民に一方的に押し付けてくる行為があれば，それも加えて行政処分や処分と表現しているのです。

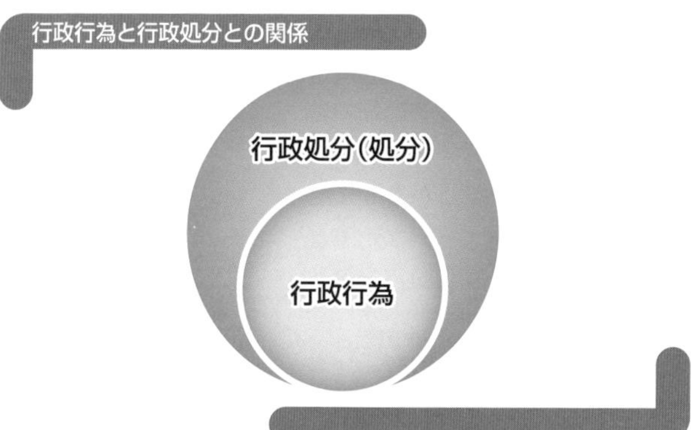

行政行為かそうでないかを学ぶ意味は？

行政の行為が行政行為かどうかは，公務員としては，それが法令を根拠にしなければならない行為かどうかを意識する意味で重要となります。また，公務員試験との関係でいえば，それが取消訴訟や不服申立ての対象となるかどうかの関係で問題となってきます。簡単にいえば，行政行為であれば取消訴訟や不服申立ての対象となります。それは**処分性**があるからです。それについては取消訴訟のところでゆっくりお話ししましょう。

法令の根拠の意識

法令に裏付けされたものであることが行政行為の要素でしたよね。

「処分性」の意味

行政行為ならもちろん，行政処分とされる行政の行為も取消訴訟や不服申立ての対象となります。行政行為と同様に国民に押し付けてくる性格があるからです。

「2-1　行政行為とは」のまとめ

▶行政行為というのは，行政が行うすべての行為をいうのではありません。行政が行う行政らしい行為を行政行為といいます。

▶行政行為には「特定の私人を狙い撃ちにする」，「直接，権利を制限したり，利益を与えたりする」，「法令に裏付けされたもの」，「上から目線の一方的なもの」といった要素があります。

▶「行政行為」と「行政処分（処分）」という言葉はほぼ同じ意味で使われますが，行政処分（処分）の方が少し範囲の広い概念です。

行政行為の種類

～行政行為を性格などから分類する～

学問の世界では，行政行為をその性格などからいくつかに分類しています。

行政行為の種類にはどんなものがあるの？

行政行為は，大きく法律行為的行政行為と準法律行為的行政行為に分けることができます。

行政行為の性格

法的に分析した特徴のことです。

・法律行為的行政行為

法律行為的行政行為というのは，行政庁の意思により成立する行政行為のことです。たとえば，「許可をする」ということを考えてみると，法律や条例には許可を与えることができる要件などが普通，規定されています。一つ例を挙げましょう。公民館条例では，許可の申請があっても「公の秩序又は善良な風俗に反するおそれがあるとき」や「公民館の管理上支障があるとき」には，許可することができないと規定されていることがあります。こうしたときには，許可を申請した者について教育委員会が判断することになるでしょう。俳句のサークルなら問題はないでしょうが，新庁舎建設反対の決起集会でホールを使いたいと申請があって，しかも，賛成派が実力でこの集会を阻止するなどというビラを配っていたらどうでしょう。他の利用者のこともあり，「今回は不許可にするか」という判断をすることもあるかもしれません。つまり，法律行為的行政行為の場合には，法令の趣旨に照らしての「行政の意思」があるのです。

教育委員会

自治体における教育行政のトップ（執行機関）は首長（知事・市町村長）ではなく教育委員会です。

・準法律行為的行政行為

一方，**準法律行為的行政行為**の場合にはこうした意思がありません。法令に基づき機械的に判断が行われます。たとえば，公職選挙法21条に基づく「選挙人名簿への登録」という行為があります。選挙管理委員会が地域内に住む18歳以上の

法律行為的行政行為

行政の意思に基づく判断があるという点がポイントです。あるのが法律行為的行政行為で，ないのが準法律行為的行政行為です。

国民であることを証明する行為なのですが，住民票が作成された日から引き続き３か月以上その市区町村に住む者について行います。そして，登録されれば選挙権が与えられるという効果が発生することになります。この場合，18歳以上で，一定期間，住民票があれば登録されます。「登録すべきかどうか」という意思決定の余地はないのです。

命令的行為と形成的行為にはどんなものがあるの？

さらに法律行為的行政行為は，命令的行為と形成的行為に分かれます。

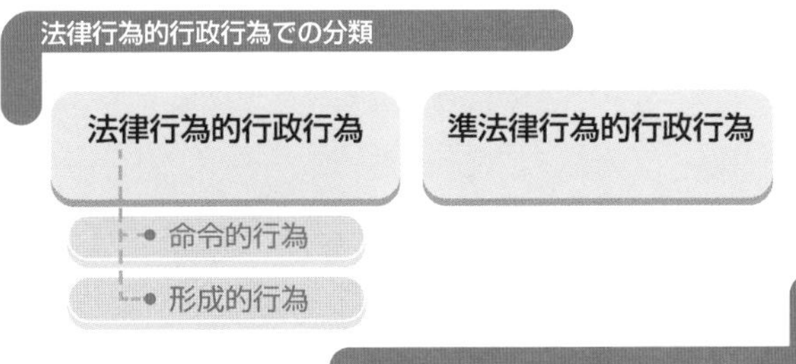

命令的行為は，その名のとおり，「しなさい」とか「してはいけません」と人の行為を規制する行為です。**形成的行為**は，人に法的な地位を与えたり，変更したり，消滅させる行政行為のことをいいます。具体的に命令的行為と形成的行為には次のようなものがあります。

行政行為の種類

残念ながら行政行為の種類の名称は呪文のように暗記するしかありません。

命令的行為

行政行為の種類	特徴	代表例
下命(かめい)	「～しなさい」と一定の作為義務を負わせる行政行為	税金の賦課(ふか)処分
禁止	「～してはいけない」と一定の不作為義務を負わせる行政行為	営業の停止処分
許可	一般的に禁止されている行為を「～してもよい」と解除する行政行為	自動車の運転免許
免除	義務を特定の場合に「～しなくてもよい」と解除する行政行為	租税の免除

形成的行為

行政行為の種類	特徴	代表例
特許	特定の者に特別の権利や地位を与える行政行為	道路の占用許可
認可	第三者の行為を補充して，法律上の効力を完成させる行為	農地の権利移転に関する許可
代理	第三者がすべきことを行政機関が代わりに行い，第三者が行ったのと同じ効果を発揮させる行政行為	当事者の間で協議が整わなかったときに行う行政機関の裁定

少し形成的行為がイメージしにくいかもしれません。試験でしばしば扱われる特許と認可について説明しておきましょう。**特許**の例として挙げた「道路の占用許可」です。道路は人や車両などが通るためにあります。しかし，その邪魔にならなければ道路を使わせてあげてもいい場合もあるでしょう。端の方に電信柱を立てたり，場所によっては屋台の出店を認める場合もあるかもしれません。こうしたときに道路法を根拠に行われるのが道路の占用許可なのです。電力会社や屋台の出店業者に特別に道路を使う権利（地位）を与えたこ

道路占用許可

道路を管理する者の許可となります。

とを意味します。

認可の例として「農地の権利移転に関する許可」を挙げました。普通の売買は「売るよ」,「買うよ」の意思の一致で成立します。しかし，農地に関する権利をこの一般的な原則に当てはめると，農業に関心の低い人などに農地が売られてしまい農地が廃れてしまうことになります。国民の食糧を作り出す大事な農地です。農地の権利に関する売買などは，しっかりと農地を守ってもらえる人かどうかなどを判断して，農業委員会が「権利移転してもいいですよ」と売買契約などにお墨付きを与えることにしました。このお墨付きがあってはじめて売買契約が完成するものとしたのです。農地の権利移転に関する許可は，当事者の行為（契約）を補充する行為であり，学問上，それを「認可」と表現しています。認可を得ない私人間の行為は無効となります。

電車やバスなどの運賃の値上げの認可もその例です

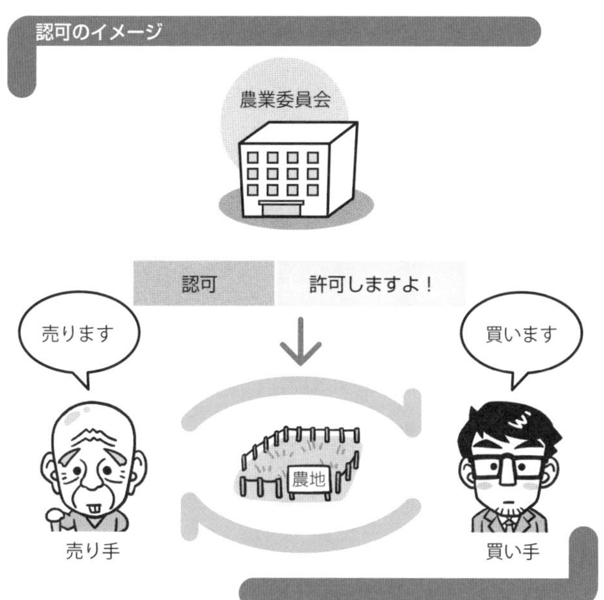

準法律行為的行政行為にはどんなものがあるの？

次は準法律行為的行政行為です。準法律行為的行政行為には次のようなものがあります。

準法律行為的行政行為

行政行為の種類	特徴	代表例
確認	争いや疑いがある事実や法律関係を公の権威をもって確定する行政行為	（選挙の）当選人の決定
公証	ある事実や法律関係を公に証明する行政行為。「争いがない」場合に行われるもの	選挙人名簿への登録
通知	特定の人や不特定の人に一定の事実を知らせる行政行為	納税の督促
受理	他人の行為を有効な行為として受け付ける行政行為	不服申立ての受理

わかりにくいのは確認と公証の区別だろうと思います。**確認**の代表例として「（選挙の）当選人の決定」があります。確認という行為で当選人を作り出すのではなく，選挙の結果を受けて「当選人はこの人です」と行政が判断を示すことといえます。

一方，**公証**は争いのない事実や法律関係を証明する行為です。先に説明した「選挙人名簿への登録」はその例となります。一定の期間，市区町村に住所がありさえすれば選挙人名簿に登録されます。それは自動的に，その自治体の地方参政権が与えられることになります。

納税の督促

納税すべき者が納付期限までに税金を納付しないときに，期間を定めて納税するよう促すことをいいます。

法律上の用語と必ずしも一致しないのでは？

沖縄に行くと食べるのが「沖縄そば」です。ところがこの沖縄そば，そば粉は入っていません。小麦粉で作られているそうなので，材料からは「沖縄うどん」といった方がいいかもしれません。

何が言いたいかというと，**通常呼ばれている名前と学問的な分類は必ずしも一致しない場合がある**のです。それは行政行為の種類でも同じです。医師の免許というのは医師法上の表現ですが，学問的な分類では許可に当たります。実定法上の表現と学問的な分類にズレがあります。

学問的な分類とのズレ

ズレがあるのは当たり前で，条文上いろいろな名称で使われているからこそ，同じような性格の行政行為を分類し，それに学問的な名前を付けているのです。公務員試験では，本書で挙げた代表例と種類の名称が一致すればいいでしょう。

「2-2 行政行為の種類」のまとめ

▶行政行為は，大きく「法律行為的行政行為」と「準法律行為的行政行為」に分かれます。
▶法律行為的行政行為には行政の意思に基づく判断がありますが，準法律行為的行政行為には行政の意思が含まれません。
▶法律行為的行政行為は，さらに「命令的行為」と「形成的行為」に分かれます。

問題2　行政行為の分類　特別区

行政法学上の行政行為の分類に関する記述として，通説に照らして，妥当なのはどれか。

1　公証とは，特定の事実又は法律関係の存在を公に証明する行為をいい，納税の督促や代執行の戒告がこれにあたる。
2　特許とは，第三者の行為を補充して，その法律上の効果を完成させる行為をいい，農地の権利移転の許可や河川占用権の譲渡の承認がこれにあたる。
3　認可とは，すでに法令によって課されている一般的禁止を特定の場合に解除する行為で，本来各人の有している自由を回復させるものをいい，自動車運転の免許や医師の免許がこれにあたる。
4　確認とは，特定の事実又は法律関係の存否について公の権威をもって判断する行為で，法律上，法律関係を確定する効果の認められるものをいい，当選人の決定や市町村の境界の裁定がこれにあたる。
5　許可とは，人が生まれながらには有していない新たな権利その他法律上の力ないし地位を特定人に付与する行為をいい，鉱業権設定の許可や公有水面埋立の免許がこれにあたる。

解答

1　妥当ではない。公証の説明は正しいですが，例として挙げられている「納税の督促」や「代執行の戒告」は「通知」とされています。
2　妥当ではない。用語の説明も行政行為の例も「認可」のものです。
3　妥当ではない。用語の説明も行政行為の例も「許可」のものとなっています。
4　妥当である。
5　妥当ではない。用語の説明も行政行為の例も「特許」のものです。

正解　4

2-3　国総★★　国般★　地上★　市役所★

行政行為の効力
～行政行為の持つ特別な力～

行政行為の持つ特別の力を**行政行為の効力**といいます。行政行為の効力には，すべての行政行為に共通のものもあれば，一部の行政行為についてだけあるものもあります。また，法律に定めがある場合だけ認められる効力もあります。ともかく，そんな行政行為の効力を見ていきましょう。

特別な力

「特別」といったのは私人どうしの行為では見られないという意味です。

違法な行政行為も取り消されるまで有効なの？（公定力）

・公定力の正体

ある日，会社から帰ったら市役所から固定資産税の納税通知書が届いていました。封筒を開いてみると「あなたの○○税の税額が20万円となりましたのでここに通知します」とあります。昨年の額の4倍以上です。そんなに高くなる心当たりがないので，そのうちミスに気付いて訂正してくれるだろうと思い払わずにいました。すると，今度は目立つ色合いの封筒で督促状が来ました。

たとえ違法な行政行為であっても，しかるべき機関に取り消されるまでは有効なものとして取り扱われます。こうした行政行為の効力を**公定力**といいます。しかるべき機関とは裁判所や関係行政機関です。裁判所は取消訴訟を受けて行政行為を取消す場合があります。また，行政自身が不服申立てを受けるなどして，関係する行政機関が取り消す場合もあります。それまでは，たとえ瑕疵（かし）があっても行政行為は有効というわけです。

なぜ，行政行為一般に公定力が認められるかについてですが，「いやしくも行政が行う行為には間違いがないから…」というわけではありません。逆説的な説明となりますが，行政行為の効果を取り消してもらうためにはしかるべき機関に駆け込むしかないからなのです。その裏返しとして公定力があります。難しい言葉で「取消訴訟の排他的管轄の結果であ

督促状

納付期限を過ぎても税金を払わない場合に来る催促の文書のこと。強制徴収する前の手続でもあります。

関係行政機関による取消し

取消しができる関係行政機関とは，処分を行った行政庁（処分庁）と処分庁の上司に当たる行政庁（上級行政庁）です。

取消訴訟の排他的管轄

行政行為の違法性は，取消訴訟を起こして裁判所に認めてもらうしかないということ。

る」といわれるのはそのためです。行政行為は先ほど述べたように行政自身が誤りを認めて取り消す場合を除けば，裁判所に求めて取り消してもらうしかありません。結果として，そのようにして取消しが行われるまでは，有効であり続けるというわけです。それが公定力の正体なのです。

・公定力が生じない場合

すべての行政行為には公定力があるといいましたが，実は，公定力が生じない場合もあります。たとえば，5万円の税金を課すところを20万円の税金を課してしまった行政処分には公定力がありますが，警察署長が行った課税処分には公定力は生じません。そもそもそんな行政行為は無効だからです。警察署長が課税処分をすることができないことは誰の目にも明らかです。のちほどまた触れますが，「**重大かつ明白な瑕疵**」がある行政行為は無効なので公定力が生じないのです。行政行為として成立していないのですから，すべての行政行為には公定力があるといっても間違いはなさそうです。

「取消しうべき行政行為なのか無効な行政行為なのか不明な場合もあるのでは？」と思ったことでしょう。そうなのです。そのため，無効等確認訴訟を起こすことが行政事件訴訟法で認められています。5-6でまた触れます。

行政行為は，その効力を争える期間が決められているの？（不可争力）

行政行為は一般的に，一定の期間が経過すると国民の側からはその効力を争うことができなくなります。この効力のことを**不可争力**といいます。

市役所から心当たりのない納税通知書をもらって，しばらくして督促状が届きました。事情を市役所に聞きに行きましたが，「課税は適正に行われているので，お支払いただきたい」というばかり。不服申立て（審査請求）をするのも時間の無駄なような気がして，裁判所に課税処分の取消訴訟を提起することに決めました。ところが，代理人になってくれる弁護士を探すのに時間がかかり，さらに飼っていたハムスターが死んでしまうというようなアクシデントが重なり，実際に出訴したのは，処分があったことを知った日から7か月目でした。

行政不服審査法が定める不服申立ての一般的な方法です。法律が定めた事項については「再調査の請求（簡単な不服申立てのこと）」や「再審査請求（2度目の審査請求のこと）」という方法もありますが，審査請求という方法による不服申立てがスタンダードな方法です（6-1参照）

行政行為は不服申立てを起こして取り消してもらったり，裁判所に取消訴訟を起こして取消しを命じてもらうことができるわけですが，そうしたことがいつまでもできるわけではありません。たとえば，審査請求は，処分があったことを知った日の翌日から起算して３か月を経過するとできなくなるのが原則です（行政不服審査法18条１項）。また，取消訴訟も処分や裁決があったことを知った日から６か月を経過したときには，原則として提起することができません（行政事件訴訟法14条１項）。ですから，処分があったことを知った日から７か月経って出訴しても裁判所は却下（内容を審査せずに主張を退けること）するだけなのです。

期限の起点表現

審査請求は「知った日の翌日から起算して」，取消訴訟は「知った日から」と表現しています。ちょっとした表現の違いですが一応，注意しておきましょう。

行政は裁判所の手を借りず目的を実現できる！？（自力執行力）

固定資産税を払わずにいると督促状が来て，それでも払わないままにしていると，市から再三の催促がありました。それでも心当たりがないのですから，払わないでいました。すると，ある日，徴税吏員を名乗る人が来て，家にある名画や壺が差し押さえられてしまったのです。

徴税吏員

税金の徴収担当の地方自治体の職員のことです。

お金を貸したのに返してくれない相手がいても，直接，その相手のもとに行ってお金をとってくることはできません。こうしたときには裁判所の力を借りるしかないのです。しかし，税金の場合には別です。預金を差し押さえたり，返さない相手のところに直接行って，金銭的な価値のありそうな物を差し押さえ，それを換金して滞納した税金に充てることができるのです。課税処分という行政行為を自らの力で実現することができるのです。行政が行政行為の内容を自ら実現することができるこの力を**自力執行力**といいます。ただ，すべての行政行為に自力執行力があるわけではありません。国民の権利侵害にもなる強い効力ですので，法令で自力執行力が認められているものだけについてこの効力はあるのです。

自力執行力

単に執行力という場合もあります。

行政側からは変更できない効力があると聞いたけれど？（不可変更力）

その名のとおり，行政行為を変更することができない効力のことを**不可変更力**といいます。行政行為を変更するのは行政の側ですから，行政の側から変更できない効力ということになります。

普通，行政が誤りを見つければ，行政行為の相手方などの不利益とならない限り，行政行為を取り消したり，変更することは可能です。ただ，こんな場合はダメです。市の不許可処分に納得がいかない者が審査請求をしたとします。それに対して，市は，処分は適正だったと，この審査請求を認めないという裁決をしたとします。こうした場合に，市があとで「やはり，誤りだったので許可します」というのは，この裁決に反することになり，できません。もはや行政の側から変更をすることができないのです。このような効力のことを**不可変更力**といいます。不可変更力はすべての行政行為にあるわけではなく，紛争解決のために行政が判断を下したような行政行為についてのみ認められるのです。

なお，行政行為の効力として拘束力を挙げる場合もあります。そもそも行政行為は，相手方に対して一方的に押し付ける行為であるわけですが，それだけでなく，行政側もそれに縛られることになるので，拘束力として取り上げることがあるのです。

拘束力
行政行為が相手方や行政庁を拘束する効力

行政行為の効力

	特徴
公定力	どの行政行為にもある効力
不可争力	どの行政行為にもある効力
自力執行力	法令でそうした効力を与えられた行政行為のみに認められる効力
不可変更力	紛争解決のために判断を下したような行政行為についてのみに認められる効力

「2-3 行政行為の効力」のまとめ

▶行政行為の持つ特別の力を「行政行為の効力」といいます。
▶行政行為には，「公定力」，「不可争力」，「自力執行力」，「不可変更力」などがあります。
▶公定力と不可争力はどの行政行為にもあります。

問題３　行政行為の効力 特別区

行政法学上の行政行為の効力に関する記述として，妥当なのはどれか。

1　行政行為の不可争力とは，一度行った行政行為について，行政庁が職権で取消し，撤回，変更をすることができなくなる効力であり，実質的確定力とも呼ばれている。

2　行政行為の拘束力とは，行政行為がたとえ違法であっても，無効と認められる場合でない限り，権限ある行政庁が取り消すまでは，一応効力のあるものとして通用する効力であり，規律力とも呼ばれている。

3　行政行為の不可変更力とは，一定期間が経過すると私人の側から行政行為の効力を裁判上争うことができなくなる効力であり，形式的確定力とも呼ばれている。

4　行政行為には公定力が認められるが，公定力の実定法上の根拠は，国家権力に対する権威主義的な考えに求められ，取消訴訟の排他的管轄には求めることはできない。

5　行政行為には公定力が認められるが，行政行為が違法であることを理由として国家賠償請求をするにあたり，あらかじめ取消判決や無効確認判決を得る必要はない。

説

1　妥当ではない。不可変更力の説明となっています。行政行為の効力を「争う」のは国民の側であることを思い出してください。

2　妥当ではない。公定力についての説明となっています。

3　妥当ではない。不可争力の説明となっています。行政行為の「変更」は行政の側が行うものであることを思い出してください。

4　妥当ではない。行政行為がしかるべき機関によって取り消されるまで有効であることの裏返しとして公定力は認められています。公的な存在は間違いを犯さないとする国家権力に対する権威主義的な考えに基づくものではありません。

5　妥当である。違法を理由として国家賠償請求をするに当たり，あらかじめ取消判決や無効確認の判決を得る必要はないとした判例（最判昭36・4・21）があります。

正解 5

2-4　国総★　国般★　地上★　市役所★

行政行為の瑕疵
～キズがある行政行為の効果～

行政行為を行う際に生じた瑕疵（かし）の扱いについて考えてみます。瑕疵というのはキズのことです。キズといえばよさそうなものですが，キズというと目に見えるキズだけを指すイメージなので，この言葉が法律上使われます。

たとえば権限のない行政庁によって行われた行政行為なども**瑕疵ある行政行為**ということになります。

瑕疵ある行政行為

行政行為の瑕疵にはどんなものがあるか，その瑕疵が行政行為にどんな影響を与えるかがポイントになります。

瑕疵ある行政行為ってどんなものなの？

瑕疵ある行政行為というのは，始めからキズがある行政行為なのですが，これには２つの種類があります。違法な行政行為と不当な行政行為の２つです。

まずは**違法な行政行為**です。これは文字通り，法令違反の行政行為です。不服申立ての対象となることはもちろん，取消訴訟の対象にもなります。一方，**不当な行政行為**ですが，法令用語で不当というのは「違法ではないが妥当ではないこと」をいいます。裁判所は不必要に行政に立ち入ることはしませんから，不当な行政行為と評価されれば審理することはありません。ただ，「必ずしも良くなかったかな…」と行政が反省して自ら取消しなどをすることは大いに結構なことです。ですから，不服申立ての対象にはしています。

不当な行為と取消訴訟

不当な行政行為について取消訴訟を起こしても門前払い判決（却下）となります。不当な行政行為は不服申立ての対象とはなっても，取消訴訟の対象とはならないのです。

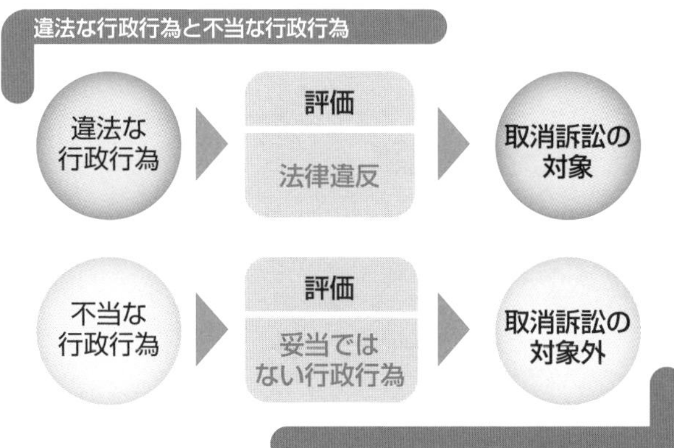

このように，瑕疵ある行政行為は，取消訴訟の対象となるものもあれば，そうでないものもあるわけですが，いずれにしても行政の側からは取消しができるのですから両方とも，**取り消しうべき行政行為**として扱われます。

取り消しうべき行政行為

少し古めかしい表現ですが，「取り消すことができる行政行為」と言ってもいいでしょう。

「取消しうべき行政行為」と「無効な行政行為」はどう違うの？

瑕疵ある行政行為の瑕疵の大きさは，いろいろと考えられます。たとえば，課税処分であれば控除できる経費を十分に評価してくれなかったので，ほんの少し税額が高くなったという場合もあるでしょう。そんなことはありえないかもしれませんが，万が一，警察からの課税通知書が届いたらどうでしょう。警察が税に関する権限を持っているわけがありませんから，こうした場合，その行為の瑕疵は，誰が見えても分かるレベル（明白）の重大な瑕疵ということになります。

こうした**重大かつ明白な瑕疵ある行政行為**については，そもそも効力が生じず，**無効**という扱いとなります。無効な行政行為は「行政行為として存在しない」のですから，無視しておけばいいのです。たとえば，警察署から「あの税金払ってください」といわれたって，不服申立てや取消訴訟を起こす必要はありません。ただ，それでも気になるなら，「無効確認訴訟」を起こして，裁判所に「無効ですよね」と確認してもらうことはできます（5-6参照）。つまり，瑕疵ある行政行為であっても，すべてが取消しうべき行政行為となるので

重大かつ明白な瑕疵

「明白かつ重大な瑕疵」とはなぜか言いません。テクニカルタームとして覚えましょう。

はなく，公定力のところでもお話ししましたが，一部には無効な行政行為として効力が生じないものがあるということになります。

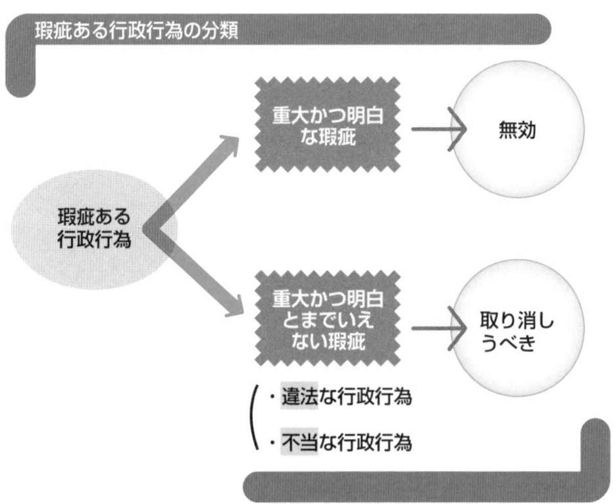

違法な行政行為に続けて行われる行政行為も違法となるの？（違法性の承継）

違法な行政行為に続けて行われる行政行為も違法となるのでしょうか？　こうした問題を**違法性の承継の問題**といいます。頭の体操のためではありません。たとえばAという違法な行政行為を前提にBという行政行為が行われたとします。すでに不可争力という言葉を学びましたが，Aという行政行為については**出訴期間**を過ぎてしまったけれど，Bという行政行為について提訴可能なときを考えてみてください。Bの取消訴訟を起こして，Aの違法を理由にBの取消しを求めることができるかといったことが問題となります。

結論からいうと，一般的に，行政行為はそれぞれ別なものですから，先行する行政行為が違法であるからといって，後の行政行為が違法になるということはありません。ただ，農地買収計画と農地買収処分のように，一定の目的を達成するために連続する行政行為であり，両方の行政行為が合わさってはじめてその効果が発生するような場合には，先行する行政行為の違法性は後の行為の違法性に承継される場合があります。こうした場合には先行する行政行為の違法を理由に後

違法性の承継

先行する行政行為の違法性は後の行政行為に影響を与えないのが原則です。つまり，違法性は承継されないのです。そのうえで，例外的に違法性が承継される場合があると理解しましょう。

出訴期間

訴えることができる期間のこと。

の行政行為の違法を主張することができるのです。

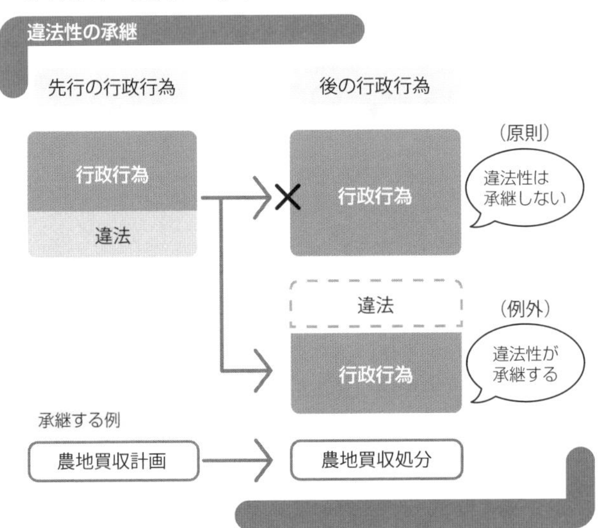

「瑕疵の治癒」と「違法行為の転換」とはどう違うのですか？

・瑕疵の治癒

瑕疵があれば，多くの場合，取り消しうべき行政行為ということになりますが，その後の成り行きなどを見ると，わざわざ取り消す必要もないのではないかと考えられる場合があります。そうした場合として理論的に考えられるのが，瑕疵の治癒と違法行為の転換です。

瑕疵の治癒というのは，行政行為に瑕疵があったのにもかかわらず，その瑕疵がその後の事情の変化などによって，問題がなくなった場合です。ある会議の招集手続に誤りがあったけれど，委員全員が集まり，その会議の結果を基に行政手続が行われたような場合を考えてみましょう。この場合，確かに，招集手続に瑕疵はあったものの，結果から見ればその瑕疵は問題にする必要はなくなっています。こうした場合が瑕疵の治癒の場合です。

こうした場合にまで，瑕疵を理由に取消しをするのは無駄というものです。軽い瑕疵があり，その後の事情で問題がなくなったと判断される場合には，その行為を適法なものと扱

違法行為の転換
転換というのだから別の行為とすることです。

います。これが瑕疵の治癒というものです。

ただ，瑕疵の治癒があったかどうかはなかなか判断が難しいことも事実です。安易に認めると，国民の権利保護が不十分になることも考えられます。過去にこんな事例がありました。

法人税の青色申告をしたところが，税務署長より増額の更生処分を受けました。ところが，付記されるべき更正処分の理由が付されていませんでした。その理由は，のちにこの処分に対する審査請求の裁決のなかで明らかにされましたが，それにより更生処分に際して理由の付記がないという瑕疵は治癒されるわけではないと裁判所は判断しました（最判昭47・12・5）。更正処分に理由を付記することは，処分庁の判断を慎重にし，相手方に理由を知らせることで不服申立ての便宜を図ろうとするものだからです。

青色申告

所得税や法人税の申告方法のひとつです。税の申告方法には，いわゆる青色申告と白色申告があり，青色申告の場合の方が求められる書類などは多いですが，必要経費が広く認められるなど，その分，メリットも多いものです。

更生処分

申告した税額の修正などをしない場合などに税務署長が行う課税処分のことです。

・違法行為の転換

一方，**違法行為の転換**というのは，違法行為は残るものの別な行為としてとらえることができ，その場合には瑕疵がない行政行為として扱うことができるというものです。

たとえば，ある人に対する行政行為を行ったところ，その人がもう亡くなっていて，相続人が１人いる場合を考えてみましょう。もし，亡くなった人への行政行為を，残った相続人への行政行為とみなすことができれば，そのまま維持することができます。こうした場合を違法行為の転換といいます。

「2-4 行政行為の瑕疵」のまとめ

- ▶「瑕疵ある行政行為」というのは，始めからキズ（問題）がある行政行為のことです。
- ▶瑕疵ある行政行為には，「違法な行政行為」と「不当な行政行為」があります。
- ▶「瑕疵ある行政行為」は取消うべき行政行為でもありますが，「重大かつ明白な瑕疵」がある場合には，その行政行為は無効となります。

問題4 行政行為の瑕疵 地方上級

行政行為の瑕疵に関する次の記述のうち，妥当なものはどれか。

1 行政行為に手続上の瑕疵があった場合は，すべて当然に無効となる。

2 行政行為の瑕疵には，違法の瑕疵と不当の瑕疵があるが，違法の瑕疵は公定力が生じないのに対し，不当の瑕疵には公定力が生じる。

3 先行する行政行為の瑕疵は，後続する行政行為に引き継がれないのが原則であるが，両者が一連の手続きを構成し，かつ同一の法効果の発生をめざすものであれば，例外的に先行の行政行為の違法性が後続する行政行為に承継することがある。

4 行政裁量については，当不当の問題が生じうるとしても，違法となることはないため，裁判所はこれを取り消すことができない。

5 取消訴訟においては，自己の法律上の利益に関係のない違法を理由として取消しを求めることができる。

解説

1 妥当ではない。その行政行為が無効となるのは瑕疵が「重大かつ明白な瑕疵」な場合だけです。そうでない瑕疵については，取消しうべき瑕疵となるだけです。

2 妥当ではない。不当な行政行為はもちろん，違法な行政行為であっても公定力はあります。ただ，「重大かつ明白な瑕疵」がある行政行為については無効であり効力が生じないのです。

3 妥当である。一連の手続の場合には違法性の承継がされる場合があります。

4 妥当ではない。裁量が認められる行政行為であっても，その裁量の逸脱や濫用があったときには違法となる場合があります（行政事件訴訟法30条）。その場合には裁判所は取り消すことができます。

5 妥当ではない。自分と関係ない利益について取消しを裁判所に求めることはできません（行政事件訴訟法10条１項）。裁判は基本的に自分の利害について起こすものです。

正解３

2-5　国総★　国般－　地上★　市役所★

行政行為の取消しと撤回

～学問上の「取消し」と「撤回」を理解する～

学問上（行政法学上）の用語でいうところの「取消し」と「撤回」の違いを知ることは重要です。この２つの用語は，瑕疵がいつから生じたのかという点と，行政行為の効力がどのように失われるのかなどの点で違いがあります。

このように，取消しと撤回は明確に違うのですが，実際の法令の上では，この言葉使いはキッチリと使い分けされていません。公務員になったら，どちらの意味で使われているか理解して許認可行政を行う必要があります。そんなこともあって，公務員試験で問われる事項となっています。

「取消し」と「撤回」はどう違うの？

学問上の**取消し**は，最初から瑕疵がある行政行為について，その瑕疵が明らかになったときに，最初に遡（さかのぼ）って効力を失わせるものです。いったんは効力が生じますが，取り消されたら，最初に戻って無効となります。

たとえば，本当は許可要件に該当していない人に許可を出してしまったとします。ところが許可要件を満たしていないことが分かって取消しがされたということになると，最初から許可はなかったことになります。

一方，**撤回**は，行政行為時には問題はないのです，後で問題が生じ，その行政行為を将来に向かって失わせることをいいます。食品衛生法上の許可を得てレストランを開いていたのですが，重大な法違反を行ってその許可を失った場合などは撤回の例といえるでしょう。

遡って

「遡及して」などと表現することもあります。

取消しと撤回の違い①

取消しと撤回の違いとして，遡って効力を失うか，将来に向かって効力を失うかの違いが重要です。

撤回

「許可の取消し」などと条文上ある場合，多くは撤回の意味で使われています

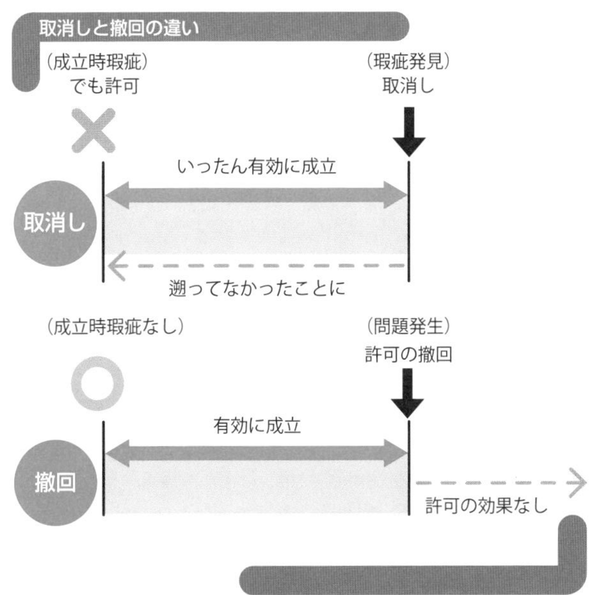

「取消し」や「撤回」はどんなときに行うことができるの？

取消訴訟で取消しを命じられた場合はもちろんですが，不服申立てを受けて行政行為を取り消す場合もあります。また，それ以外にも，行政が法令の規定に従って，取消しや撤回をする場合も多いものです。

しかし，法令に根拠がなければ取消しや撤回ができないかといえば，そうでもありません。取消しや撤回は，行政を適正なものにするための行為です。相手方の不利益を考慮しても，それを上回る必要性があれば，行政は職権で取消しや撤回ができるものと考えられています。

「取消し」や「撤回」は誰が行うことができるのですか？

取消しや撤回を，処分した行政庁（**処分庁**）が行うことができるのは当然です。しかし，処分庁の上司に当たる行政庁（**上級行政庁**）ができるかどうかは，取消しと撤回で違いがあります。取消しの場合には，もともと処分庁の行政行為に

上回る必要性（公益性）

こんな事件がありました。人工妊娠中絶を行う優生保護医の指定を医師会から受けていた医師が中絶可能な期間を過ぎた患者に，出産をすすめ，第三者に生まれた子をあっせんして実子として出生証明書を書いていました。

この指定の取消し（学問上は「撤回」に当たります）については法令上の根拠はありませんでしたが，取消しが行われ，医師が裁判で争いました。最高裁は「実子あっせん行為のもつ右のような法的問題点，指定医師の指定の性質等に照らすと，指定医師の指定の撤回によって上告人の被る不利益を考慮しても，なおそれを撤回すべき公益上の必要性が高いと認められるから，法令上その撤回について直接明文の規定がなくとも，指定医師の指定の権限を付与されている被上告人医師会は，その権限において上告人に対する右指定を撤回することができるものというべきである」（最判昭63・6・17）と述べました。なお，この場合，指定の権限を持つ医師会が処分庁に当たります。

取消しと撤回の違い②

取消しは上級行政庁もできますが，撤回は基本的に処分庁しかできません。

過ち（瑕疵）があったわけです。ですから，そのリカバーは処分庁ばかりでなく上級行政庁の仕事でもあります。一方，撤回は，問題が生じたはじめての場面です。任せている以上，担当する処分庁に判断させるのが筋です。ですから撤回は法令の規定がない限り上級行政庁は行うことができないのです。

公益のための撤回なら補償が必要なの？

もし，公共の利益のために行政行為の撤回がされる場合があれば，それに伴い**補償**が必要になると思われます。ただ，こんなこともあります。

行政財産である土地を食堂営業のために期限を定めず使用させていました。ところが本来的な行政目的のためにその土地が必要となり，その許可を撤回し，他への移転を求めたという事例です。この件の判決では，期限を定めないで本来の用途外に使用を許可させている場合には，本来の用途や目的上の必要性が生じた時点で許可は消滅するという制約が内在しているとして，許可の財産的価値（使用権）それ自体の補償は不要としています（最判昭49・2・5）。

補償

適法な行為で生じた損害の穴埋めのことです。

行政財産

行政財産のために使われる財産です。8-4で詳しく説明します。

使用権としての補償

行政行為を撤回すること自体の穴埋めの補償は必要ないということです。ただ，移転の費用などは別途求めることができます。

「2-5　行政行為の取消しと撤回」のまとめ

- ▶いったん効力が生じた行政行為が，最初に戻って無効となるのが行政行為の取消しです。
- ▶行政行為の取消しの場合，取消事由は最初から存在します。
- ▶行政行為の撤回は，撤回事由が生じた後，将来に向かって行政行為の効力を失わせるものです。

問題５　行政行為の取消し・撤回　国家専門職

行政行為の取消し及び撤回に関するア〜エの記述のうち，妥当なもののみを全て挙げているのはどれか。

ア．行政行為の取消しとは，行政行為がその成立時から瑕疵を有することを理由として，当該行政行為の効力を消滅させる行為をいい，瑕疵ある行政行為は行政機関が職権で取り消すことができるが，その際，法律による特別の根拠が必要である。

イ．旧優生保護法により人工妊娠中絶を行い得る医師の指定を受けた医師が，医師法違反等により有罪判決を受けたため，当該指定の撤回により当該医師の被る不利益を考慮しても，なおそれを撤回すべき公益上の必要性が高いと認められる場合，法令上その撤回について直接明文の規定がなくとも，指定権限を付与されている医師会は，当該指定を撤回することができるとするのが判例である。

ウ．旧農地調整法に基づく農地賃貸借契約の更新拒絶について，知事がその権限に基づいて 許可を与えれば，それによって単に申請者だけが特定の利益を受けるのではなく，利害の反する賃貸借の両当事者を拘束する法律関係が形成されるため，たとえ申請者側に詐欺等の不正行為があったことが顕著であったとしても，知事は当該許可処分を取り消すことはできないとするのが判例である。

エ．行政財産である土地について建物所有を目的とし期間の定めなくされた使用許可が当該行政財産本来の用途又は目的上の必要性に基づき将来に向かって取り消されたときは，使用権者は，特別の事情のない限り，当該取消しによる土地使用権喪失についての補償を求めることはできないとするのが判例である。

1　イ　　2　エ　　3　ア，ウ
4　イ，エ　5　ウ，エ

解説

ア　妥当ではない。後段が誤り。職権での取消しを行うのに法律による根拠は必要ありません。

イ　妥当である。判例（最判昭63・6・17）のとおりです。

ウ　妥当ではない。後半が誤り。判例（最判昭28・9・4）では「申請者側に詐欺等の不正行為があつたことが顕著でない限り，処分をした行政庁もその処分に拘束されて処分後にはさきの処分は取消しできない」としています。

エ　妥当である。判例（最判昭49・2・5）のとおりです。

以上から，妥当なものは**イ**と**エ**であり，正解は**4**となります。

正解4

2-6　国総 ★　国般 ★　地上 ★　市役所 ★

行政行為の附款
～行政行為につけられる条件や制限など～

附款（ふかん）というのは，行政庁の主たる意思表示に付加される従たる意思表示のことをいいます。ただ，これでは何のことか分からないかもしれません。たとえば，「あなたに許可します。でもね，3年間だけですよ」という場合の「でもね」以下が附款と呼ばれるものです。

従たる意思表示

別な意思表示であり，別な行政行為であることを意味します。

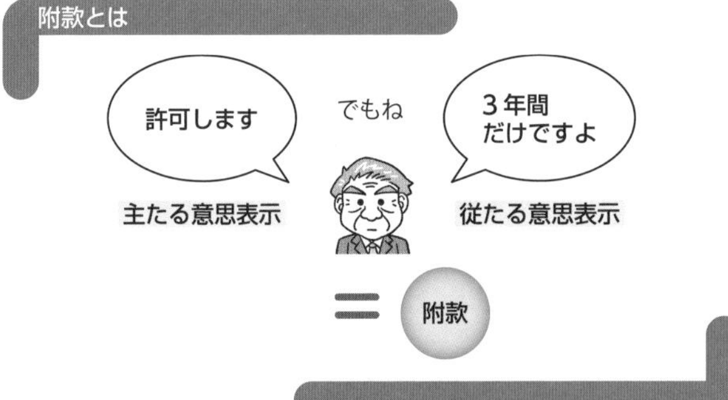

附款にはどのような種類があるのか，附款が取り消されたときには主たる意思表示はどんな影響を受けるのかなどを通じて，附款の役割を考えていきます。

どのような種類の附款があるの？

附款の種類は，条件，期限，負担，撤回権の留保，法律効果の一部除外の5種類です。

条件というのは，法律行為の効果の発生や消滅を将来実現することが不確実な事実にかからしめる場合をいいます。たとえば，「道路が開通したらバスの事業免許を与える」いった場合の，「道路が開通したら」は条件となります。

期限は，法律行為の効果の発生や消滅を将来実現することが確実な事実にかからしめる場合をいいます。「確実な」と

公務員試験に合格したら…

「公務員試験に合格したら」は条件ですよ。不確実ではあるのですが，できるかぎり確実に近づけましょう。

いう部分が条件との違いになります。「許可は令和〇年△月×日までとする」という場合，それは期限となります。

負担というのは，行政行為に付随して，特別の義務を課す場合のその特別な義務のことをいいます。自動車の運転免許を与えるに際して「眼鏡等を使用のこと」とするのは負担の例となります。

撤回権の留保は，行政行為を行うに際して，一定の場合にそれを撤回することを予め定めておく意思表示です。たとえば，食中毒事件を起こしたときには，庁舎でお弁当を販売する許可（行政財産の目的外使用許可）を撤回するとして許可を与える場合などがこれに当たるでしょう。

法律効果の一部除外というのは，行政行為を行う際，法令が一般的に与えている効果の一部を発生させないとする意思表示のことです。

たとえば，自動車道事業の免許の付与に際して，軽自動車の通行は認めないものとするような場合がこれに当たります。

負担の別な例

道路占有の許可に当たって，占有料を払うよう求めるのも負担の例です。

附款の種類と代表例

条件	「道路が開通したらバスの事業免許を与える」いった場合の「道路が開通したら」
期限	「許可は令和〇年△月×日までとする」という場合の「令和〇年△月×日まで」
負担	運転免許を与えるに際して「眼鏡等を使用のこと」という附款
撤回権の留保	食中毒事件を起こしたときには，庁舎でお弁当を販売する許可（行政財産の目的外使用許可）を撤回するとして許可を与える場合
法律効果の一部除外	自動車道事業の免許の付与に際して，軽自動車の通行は認めないものとするような場合

附款を付すには法令上の根拠は必要なの？

法令上の根拠がある場合にはもちろん附款を付すことができます。しかし，法令上の根拠がない場合にも附款を付すことは可能です。ただ，その主たる意思表示に行政裁量がないといけません。行政裁量がない行政行為は，決められたまま行うしかないのですから，そこに附款を付す余地がありません。「法律行為的行政行為には附款を付すことができますが，準法律行為的行政行為には附款を付すことができない」というのはそのためです。

また，附款を付すことができる場合であっても限界みたいなものはあります。主たる意思表示の目的と無関係な附款は付すことができません。また，主たる意思表示の目的を実現する附款であっても，相手に義務を課すものなどは目的を実現させるための必要最小限の範囲で付さなければなりません（これを「比例原則」といいます）。

行政裁量

行政庁が行政行為を行うに当っての判断の余地のことです。2-7で詳しく説明します。

準法律行為的行政行為に附款は付せない

準法律行為的行政行為には行政の意思に基づく判断がないからです。

附款に瑕疵があるとき，附款だけの取消しはできる？

附款に瑕疵があったり，不服があった際に，附款だけを取り出して，その取消しを求めることができるかという疑問が生じます。結論から言いますと，附款が主たる意思表示（行政行為）と不可分一体の場合には主たる意思表示の取消しを求めなければならないのですが，そうでない場合には附款だけの取消しも求めることができます。従たる意思表示として，別な意思表示であるからです。

不可分一体の附款

その附款を付さなければ行政行為はしなかったであろう場合，その附款は行政行為と不可分一体ということができます。非常に重要な条件や期限などが考えられます。

「2-6　行政行為の附款」のまとめ

- ▶附款は，行政庁の主たる意思表示に付加される従たる意思表示のことです。
- ▶附款は主たる意思表示とは別の意思表示なので，単独で取消すことができるのが原則です。
- ▶附款には「条件」，「期限」，「負担」，「撤回権の留保」，「法律効果の一部除外」があります。

問題6　行政行為の附款　国家一般職

行政行為の附款に関するア～オの記述のうち，妥当なもののみをすべて挙げているのはどれか。

ア．附款は行政庁の裁量権行使の一環であるため，裁量権行使についての制約がかかることになり，明文の規定がなくとも，平等原則や比例原則に違反する附款は許されない。

イ．条件とは，行政行為の効力・消滅を発生確実な事実にかからしめる附款をいう。

ウ．附款は，あくまで主たる意思表示に付加された行政庁の従たる意思表示にすぎないから，本来の行政行為による効果以上の義務を相手方に課す負担を付す場合であっても，法律の根拠は不要である。

エ．行政行為を撤回するためには，あらかじめ撤回権を留保する附款を付さなければならない。

オ．附款は主たる意思表示に付加された行政庁の従たる意思表示であることから，附款のみを対象とする取消訴訟を提起することはできない。

1　ア　　2　イ　　3　ア，ウ
4　ウ，エ　　5　エ，オ

解説

ア　妥当である。附款であっても平等原則や比例原則に違反することはできません。

イ　妥当ではない。条件は行政行為の発生や消滅を「不確実な」事実にかからしめるものです。

ウ　妥当ではない。附款が本来の行政行為による効果以上の義務を課す場合には法律上の根拠が必要です。

エ　妥当ではない。公益上，必要がある撤回については必ずしも法律の根拠は必要ありません（ただ，相手への不利益は配慮する必要があります）。

オ　妥当ではない。附款が主たる意思表示（行政行為）と不可分一体の場合には主たる意思表示の取消しを求めなければならないのですが，そうでない場合には附款だけの取消しも求めることができます

以上から，妥当なものは**ア**のみであり，**1**が正解となります。

正解　1

2-7 国総 ★ 国般 ★ 地上 ★ 市役所 ー

行政裁量
～任された者の判断の余地～

「お前に任せたぞ！」などといいながら，細かい指示をし続ける上司というのは存在します。だいたい，仕事を担当してる者が一番詳しいのですから，大枠を示した上で任せてほしいものです。この「任せたぞ！」といった部分が法令でも存在します。これが行政裁量というものです。

行政裁量ってどんなものなの？

行政庁が行政行為を行うに当たっての判断の余地のことを**行政裁量**とか，単に**裁量**といいます。法令というのはある程度抽象的な定めをしていますので，その対象とすべきかどうか，要件や規定の趣旨などに照らして適正に判断するための「遊び」の部分が必要です。それが裁量なのです。ただ，当然のことですが，法令の趣旨を踏み越えて行政が裁量を発揮すると法令違反となります。そのため，公務員一人ひとりが裁量の幅を理解して法令に向き合うことが重要です。また，行政は組織として，法令に与えられた裁量を踏み外さないようにコントロールしつつ，適正な行政を確保するための努力をしています。そうしたことから公務員試験でも出題テーマの一つとなっているのでしょう。

裁量はどんな行政行為にあるの？

裁量は，「次の各号のいずれかに該当するときは，許可を取り消すことができる」といったように，「遊び」の部分がある行政行為で問題となります。法令が行政行為発生の要件や効果などについて一義的に定めている場合（こうした行政行為を**羈束**（きそく）**行為**といいます。）には裁量の余地はありません。

反対に裁量の余地がある行政行為を**裁量行為**といいます。古くは，裁量行為のなかでも，行政に裁量が自由に任されて

「～できる」

「～できる」とあっても，本当に「してもしなくもいい」わけではありません。「裁量があり，裁量を適切に行使しなさいよ」という意味にすぎません。

いるため，その行為についての判断は裁判所の審査の対象にできないとされた**自由裁量**（便宜（べんぎ）裁量）と，そうでない**法規裁量**に分けていました。しかし，今どき，あまり意味がありません。司法審査がどの程度及ぶかということは，一つひとつの行政行為を見て判断せざるを得ないからです。

今どきでない

「今どき意味がないなら説明するな！」といわれそうですが，公務員試験でまったく必要ないかといえばまだそこまではいえないのです…。

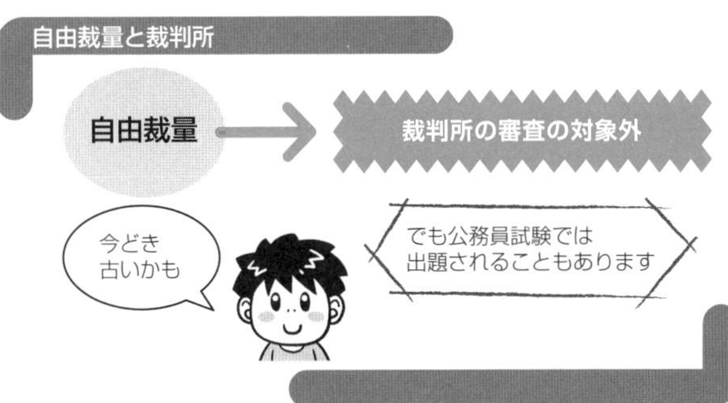

裁量はどこに潜んでいるの？

条文のどの場所に裁量が潜んでいるかについては，典型的には行政行為を発動させる要件の部分と，要件に当たった場合にどのような効果を発生させるかという部分にあるとされています。前者の裁量を**要件裁量**と，後者の裁量を**効果裁量**といいます。

たとえば，ある地方公務員が休みの日に飲酒運転をして逮捕されてしまったとします。これを受けて任免権者がその公務員を停職という**懲戒処分**にしたとしましょう。その根拠は地方公務員法29条1項3号になります。

任命権者

その公務員の任命権を持っている者のことです。任命権者が懲戒権も持っています。

停職

職員としての身分を有しているものの，一定期間その職務に従事しない状態をいいます。停職の期間中は給与を受けることができません。

【地方公務員法】

（懲戒）

第29条　職員が次の各号の一に該当する場合においては，これに対し懲戒処分として戒告，減給，停職又は免職の処分をすることができる。

一　この法律若しくは第57条に規定する特例を定めた法律又はこれに基く条例，地方公共団体の規則若しくは地方公共団体の機関の定める規程に違反した場合

二　職務上の義務に違反し，又は職務を怠つた場合

三　全体の奉仕者たるにふさわしくない非行のあつた場合
2～4　略

まず，休日の飲酒運転が「全体の奉仕者たるにふさわしくない非行のあつた場合」に当たるといえるのかということから検討します。要件に当たるかどうかの検討をし，結論を出すわけですから要件裁量の部分ということになります。この場合には非行に当たるということになるでしょう。

さらに，非行に当たったとしても，どのような懲戒処分を行うか，地方自治法29条１項は「戒告，減給，停職又は免職」のなかから選択するようになっています。まさにどのような効果を発生させるかの裁量ですので効果裁量といえるでしょう。なお，要件や効果以外の部分に裁量が認められている場合もあります。

戒告

戒めのこと。厳しい注意のようなもの。

地方公務員法 29 条 1 項での要件裁量と効果裁量

	条文	裁量の内容
要件裁量	「全体の奉仕者たるにふさわしくない非行のあつた場合」など	「非行」に当たるかどうかの判断
効果裁量	懲戒処分として戒告，減給，停職又は免職の処分をすることができる	具体的にどのような懲戒処分にするかの判断

裁量行為はどのような場合に違法となるの？

裁量行為は，まずは行政に任された行為ということができますが，行政事件訴訟法30条では**裁量権の逸脱濫用**があれば，それは違法な行為として司法審査の対象となるとしています。

司法審査の対象となる

違法であることを主張して取消訴訟を起こすことができます。

行政事件訴訟法

（裁量処分の取消し）

第30条　行政庁の裁量処分については，裁量権の範囲をこえ又はその濫用があつた場合に限り，裁判所は，その処分を取り消すことができる。

裁量権の逸脱と濫用の典型的な事例は次の表のように考えられます。

裁量権の逸脱・濫用の例

裁量権の逸脱	例：勤務時間中に執務に関係ないウェブサイトを閲覧したことを理由に懲戒免職する（やりすぎ）
裁量権の濫用	例：気にいらない職員をささいな理由で「戒告処分」にする（名を借りた別な目的の行為）

しかし，どちらとも区別がつかない行為も多く，ひとまとめで裁量権の逸脱濫用行為としてとらえられるのが一般的です。**裁量権の逸脱濫用があれば，違法な行為として取消訴訟の対象となる**と覚えておきましょう。

取消訴訟との関係

裁量権の逸脱濫用 → 違法な行政行為 → 取消訴訟の対象となる

裁量権の逸脱濫用があるかどうかは，実体的見地と手続的見地からアプローチして判断されます。まず，実体的見地としては，重大な事実誤認に基づくものではないか，その件だけ差別的な扱いがされているなど平等原則違反はないか，また，法令の目的や趣旨に反する動機で行われていないかなどから判断されます。

手続的見地からのアプローチとしては，法が求める手続を経たものであるか，その判断過程に誤りはないかなどの審査がされます。特に後者は，専門的な行政分野に有効です。原子炉設置許可をめぐる判例で最高裁は「原子炉設置許可処分の取消訴訟における裁判所の審理，判断は，原子力委員会若しくは原子炉安全専門審査会の専門技術的な調査審議及び判断を基にしてされた被告行政庁の判断に不合理な点があるか否かという観点から行われるべき」と述べています（最判平4・10・29）。

重大な事実誤認

重大な事実誤認があれば裁量を発揮する前提が崩れることになります。

手続的見地

専門的な行政分野になればなるほど，実体的見地からは迫りにくいので手続的見地からのアプローチが役に立ちます。

「2-7 行政裁量」のまとめ

- ▶行政裁量は行政庁が行政行為を行うに当たっての判断の余地のことです。
- ▶法令(条文)における裁量は，要件の部分（要件裁量）や効果の部分（効果裁量）にしばしば含まれます。
- ▶行政に裁量が任された行為であっても，裁量権の逸脱濫用があれば，違法な行為として，取消訴訟の対象となります。

第3章

行政作用法２

一般理論②・情報公開法

行政目的実現の手法と情報公開のルール

この３章ではさまざまな行政のシステムを学びましょう。行政が義務付けた内容をどのように実現するか，また，行政処分以外に行政が目的を実現するためにどのような行政手法を持っているかなどです。また，少し毛色が違いますが，情報公開法の大枠も学びましょう。どれも公務員としての仕事に直結する知識だけに，公務員試験では必ず問われる分野となっています。

3-1　国総 ★★★　国般 ★★★　地上 ★★　市役所 ★★★

実効性確保の手段

～どうすれば義務付けたことを実現できるか～

行政が義務付けをしても，命令をしても，相手がそれに従ってくれない。そんな事態は避けなければなりません。

ですから，行政目的を実現するための手段はとても大事なのです。そうした手段のことを**実効性確保の手段**といいます。実効性確保の手段は，いくつかありますが，それぞれの手段に得意分野があります。行政としては，得意分野を踏まえて上手に実効性確保の手段を繰り出す必要があります。

実効性確保の手段の必要性

宝塚市パチンコ店規制条例事件判決（最判平14・7・9）では「国又は地方公共団体が専ら行政権の主体として国民に対して行政上の義務の履行を求める訴訟は，裁判所法3条1項にいう法律上の争訟に当たらず」と述べています。行政が命令したことを守るよう裁判所に求めることはできないとしたのです。一層，実効性確保の手段が意識されるようになっています。

実効性確保の手段としてはどんなものがあるの？

実効性確保の手段としては大きく「力ずくで実現する系」と「罰を与える系」があります。力ずくで実現する系の手段というのは，行政が財産や身体に実力を加え，実現するものです。**行政強制**といいます。一方，「違反したら罰が科される」というプレッシャーを与え，行政の目的を実現するのが「罰を与える系」です。こうした罰のことを行政法学では**行政罰**といいます。行政が課した義務を果たさない場合に与えられる罰だから行政罰なのです。このように，**実効性確保の手段は，行政強制と行政罰に大きく分かれます。**

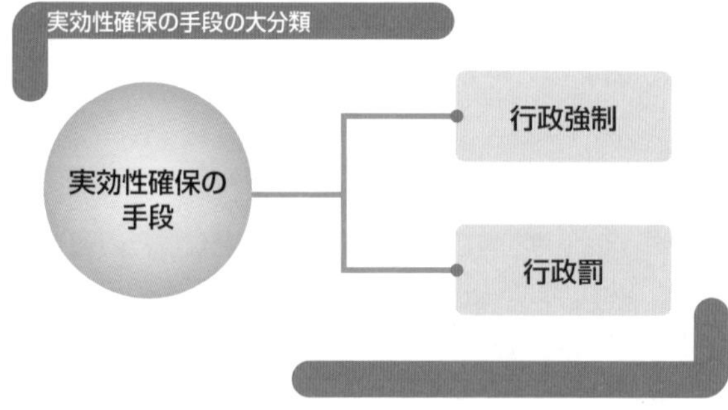

行政強制の種類にはどんなものがありますか？

行政強制も２つに分類できます。**行政上の強制執行**と**即時強制**がそれです。行政上の強制執行と即時強制の大きな違いは「まず義務を課すかどうか」にあります。

即時強制は，先に義務を課すことができない事柄や課しては意味がなくなってしまう事柄に使われます。たとえば，消防法では，消防に延焼防止や人命救助のために必要なときに建物の処分を認めています。いわゆる破壊消防というものです。これは即時強制の例です。建物の所有者に「建物を壊してください」と義務付けしていたのでは間に合いません。ですから，必要があれば即時に行うことを認めているのです。

行政上の強制執行には，代執行，執行罰，直接強制，強制徴収の４つがあります。順にこれらを説明します。

行政上の義務を果たさない者がいる場合に，行政や行政から依頼を受けた第三者が代わりにその義務を果たし，本来その義務を果たすべきだった人からその費用を徴収する。これが**代執行**です。代執行は「代わりにする」わけですから，そもそも代わりにできないような義務は対象となりません。代執行の対象となる義務は**代替的作為義務**ということになります。

執行罰は，何度でもペナルティ金（過料）を課すという方法で義務を果たさせようとします。「～してはいけない」という義務（**不作為義務**）や本人でないとできない義務（**非代替的作為義務**）が対象となります。罰という名前がついていますが，本当は罰ではありません。罰というのは一度の違反行為があって，一度科されるものです。執行罰は，違反行為が是正されるまで何度でも課すことができるのですから，その意味で罰ではありません。**間接強制**などと言い換えられるのも，そうしたところから来ています。ちなみに，執行罰は砂防法という古い法律に例が一つあるだけです。

直接強制は，義務者の身体や財産に直接働きかけて義務内容を実現するハードな手法です。さまざまな義務に利用可能ではあります。成田新法（成田国際空港の安全確保に関する緊急措置法）では，暴力主義的な反対派の建物などに対して使用禁止命令を出し，その命令に反して建物などが使われている場合には，国土交通大臣が封鎖などの措置をすることができるとしています。これは直接強制の例です。

行政上の強制執行

わざわざ「行政上の」強制執行といっているのは，裁判所が行う強制執行と区別するためです。

即時強制

即時強制の「即時」には，「義務を課すことなく」といった意味が含まれています。

執行罰である過料

秩序罰でも過料が科されるので，執行罰の方の過料を「執行罰である過料」と呼んでいます。

間接強制

義務を履行するまで，一定の額を払うよう命じるなど不利益を課すことで心理的に圧迫し，義務を履行させる方法のことです。

強制徴収は，自力執行力の説明でも出てきましたが，税金や社会保険料の徴収について行われます。国民（住民）がこれらを支払わない場合に，行政が義務を負う者の財産に直接実力を加えて，税金などを徴収するものです。裁判所を通さずに行うのですからたいへん強い手段といえるでしょう。債権を有しているのが国や自治体などの公的団体だからといって，強制徴収できるわけではありません。強制徴収をするには別に法律上の根拠が必要となります。「国税滞納処分の例による」とあるのが，その規定です。国税が滞ったときと同じように強制徴収していいよという意味になります。

自力執行力

行政行為の効力の一つ。裁判所の力を借りないで行政が自ら行政の目的を実現する力のことです。

行政上の強制執行の種類と根拠

	対象となる義務	一般法の有無
代執行	代替的作為義務 代わって やれる	一般法（行政代執行法）がある
執行罰	不作為義務・非代替的作為義務 代わって やれない	一般法なし 砂防法に例があるのみ
直接強制	特に限定はない	一般法なし 個別法が根拠となる
強制徴収	金銭納付義務	一般法なし 個別法が根拠となる

行政代執行法では どんな手続が定められているの？

行政上の強制執行のうちで，一般法が存在するのが代執行です。**行政代執行法**がそれです。行政代執行法に基づく代執

一般法

スタンダードな法律のことを一般法といいます。行政代執行法は代執行の一般法ですから，標準的な代執行の手続を定めています。代執行を行うときには普通，この行政代執行法によります。ただ，個別の法律のなかで，特別な手続を加えたり，行政代執行法の定めの一部を省略する規定を置くこともあります。

行の手続の流れが出題されることがありますので，簡単にまとめておきましょう。その手続は行政代執行法３条から６条までに定められています。

まず，**戒告**という手続があります。これは「期限までに義務を果たさないと代執行するよ！」という警告です。それでも義務を果たさないと，今度は**代執行令書**が送られてきます。これは代執行の実施決定を伝えるものです。そして代執行が行われます。こうした事前手続は，非常の場合などにおいては省略することができます。代執行時には執行責任者が現場に派遣されます。また，代執行後には代執行に要した費用を義務者に納付するよう命じます。しかし，それでも支払いがない場合には，強制徴収の手続に移ります。これが大まかな代執行のしくみです。

緊急の場合の代執行

条文には「非常の場合又は危険切迫の場合において，当該行為の急速な実施について緊急の必要があり，前２項に規定する手続をとる暇がないときは，その手続を経ないで代執行をすることができる」（行政代執行法３条３項）とあります。

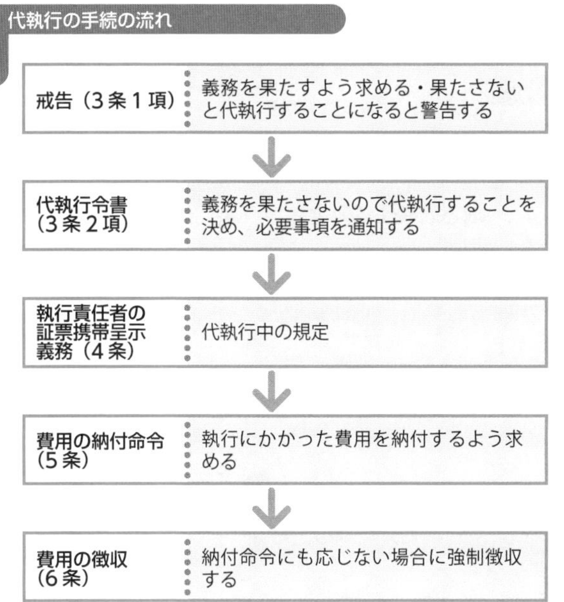

行政罰にはどんな種類があるの？

行政上の義務違反に対して科される罰のことを行政罰といいます。行政罰には**行政刑罰**と**秩序罰**があります。

行政刑罰の方は，いわば正式な刑罰です。刑法に定められている刑罰（懲役，禁錮，罰金など）が科せられるもので，科せられる手続も刑事訴訟法に従って進められます。警察が捜査し，検察官が起訴して（裁判所に罪を裁くよう求めて），刑事裁判が行われるという，通常の刑事手続がとられるわけです（量刑が軽い場合には，略式の裁判が行われることもあります）。これに対して，**秩序罰**では，正式な刑罰ではなく過料というペナルティ金が科されます。執行罰である過料と区別するため，**秩序罰である過料**などと表現することがあります。執行罰とは異なり，一度の義務違反に一度科されます。執行罰である過料は，国の法令の場合には**非訟事件手続法**に従った簡単な手続で地方裁判所により科されます。地方公共団体の法令違反の場合には，地方自治法に基づき，首長（知事や市町村長）の処分として，裁判所を通さず科されます。

行政刑罰

刑法９条には「死刑，懲役，禁錮，罰金，拘留及び科料を主刑とし，没収を付加刑とする」とあります。ただ，行政罰で死刑を科すことは考えられません。

過料

本当は「かりょう」と読むのが正しいのですが，法令に詳しい人は「あやまちりょう」とあえて読みます。正式な刑罰に同音の「科料」があるからです。「科料」は額の低い（1,000円以上１万円未満）の罰金のようなものです。

秩序罰である過料の手続

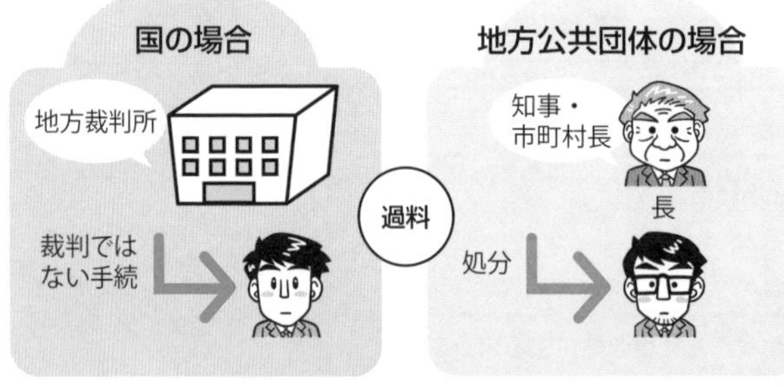

実効性確保の手段の全体像はどんな感じですか？

これまで述べてきたことをまとめると，実効性確保の手段は次の図のようになります。

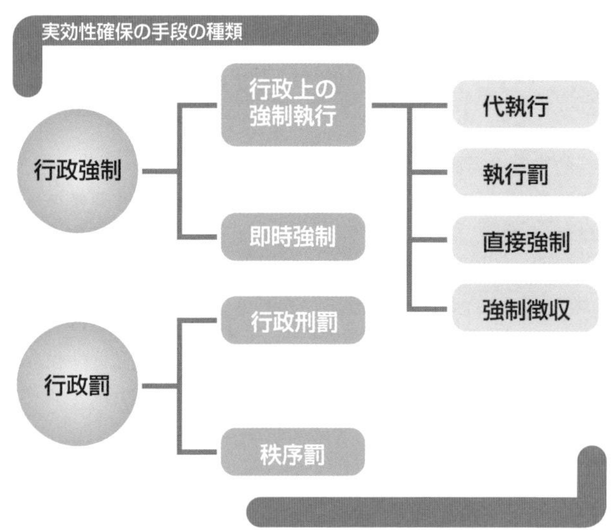

「違反事実の公表」は実効性確保の手段の一つですか？

近頃，行政罰の代わりに，**違反事実の公表**という手法をとることがあります。単に事実の公表に過ぎないわけですが，やはり公表される側からすれば，いい気分のものではありません。また，企業などの場合には「のれんにキズが付く」おそれも生じます。そこでこうした措置が罰則代わりにとられるのです。今どきの方法ではありますが，これもまた，実効性確保のための手段といえるでしょう。

罰則としての違反事実の公表は，地方公共団体の場合には，庁舎の掲示板やホームページにおいて，違反した事実と違反者の氏名などが掲示される方法で行われることが多いです。

「3-1 実効性確保の手段」のまとめ

▶実効性確保の手段は，行政強制と行政罰に大きく分かれます。
▶行政強制は，行政上の強制執行と即時強制に分かれますが，即時強制は義務を前提としないところが特徴です。
▶行政上の強制執行には，代執行，執行罰，直接強制，強制徴収の4つがあります。
▶行政罰は行政刑罰と秩序罰に分かれます。

問題7　執行罰または直接強制　特別区

行政法学上の執行罰又は直接強制に関する記述として，通説に照らして，妥当なのはどれか。

1　執行罰は，地方公共団体においては，条例を根拠規範とすることができるが，直接強制は，条例を根拠規範とすることができない。
2　執行罰は，代替的作為義務又は非代替的作為義務の不履行に対して適用することはできるが，不作為義務の不履行に対して適用することはできない。
3　執行罰は，義務を履行しない者に対し過料を課す旨を通告することで義務者に心理的圧迫を与え，義務を履行させる強制執行制度であるが，当該義務が履行されるまで反復して課すことはできない。
4　直接強制は，義務者の身体又は財産に対し，直接に実力を加え，義務が履行された状態を実現させる強制執行制度であり，個別法で特に定められた場合にのみ認められる。
5　直接強制は，義務を課した行政が自ら義務を強制執行するものであり，自力救済を禁止された国民には認められていない特別な手段であるため，直接強制を許容する一般法として行政代執行法が制定されている。

解説

1　妥当ではない。通説では，執行罰も直接強制も法律を根拠としなければならないと考えられています。
2　妥当ではない。執行罰は不作為義務や非代替的作為義務の不履行を対象としています。
3　妥当ではない。前段は妥当です。ただし，「反復して課することはできない」

が誤りです。反復して課することができるのが執行罰です。

4　妥当である。

5　妥当ではない。「一般法として行政代執行法が制定されている」というのは誤りです。行政代執行法は代執行の一般法であり，直接強制の一般法ではありません。直接強制は個別法を根拠としています。

正解　4

3-2　国総 ★★★　国般 ★　地上 ★　市役所 ★

行政計画・行政契約・行政調査・行政指導　～行政行為以外の行政の行為～

行政が行う行為は行政行為ばかりではありません。行政行為以外の行政が行う行為の例として，行政計画，行政契約，行政調査，行政指導があります。行政にとっては欠くことはできない行為です。

行政計画って何？

行政計画は，簡単にいえば，行政のプランです。行政が行政分野についての目標を定め，それをどうやって達成するか示した青写真といえるでしょう。行政計画を定めるに当たっては特段の法令の根拠は必要ありません。

しかし，重要な計画については，法令を根拠にしているものもあります。国民の権利に関わる可能性があるような行政計画については，法令の根拠が望まれます。

行政計画

地方公共団体を例にとると，多くが最高計画として総合計画を定めています。総合計画は自治体の将来像を示すもので，その総合計画の下に環境基本計画，福祉基本計画などの行政分野別の計画があります。また，事業を推進する青写真としても計画は定められます。こうした行政計画は法律や条例で策定を義務付けられたものもありますが，そうでないものもあります。なお，土地区画整理事業の事業計画や市街地開発事業の事業計画などの開発に関する計画は住民の権利に関わりが深く問題となりやすい計画です。

行政計画って取消訴訟の対象となるの？

「このままだとお金がなくなっちゃう…」と無駄遣いに心細くなったら，「お金が無くなってから心配したらいいじゃないの？」と友人が言ってくれました。その折は妙に納得したのですが，無くなってからではどうしようもないのです。

同じようなことが行政計画と取消訴訟との関係にもいえます。たとえば，土地区画整理事業で立ち退きが予定される場所に家を持っていた人がいたとします。ただ，事業計画が決定されただけではすぐには立ち退きを迫られはしないでしょう。計画に基づく事業の手続が始まって，立ち退きが求められるものです。しかし，事業がある程度進んでしまっては，事業計画の取消しなど実際は難しくなります。事業計画に問題があるなら，決定した段階で取消しを求めたいものです。以前は，計画の決定は青写真にすぎないとして，取消しを認めていませんでした（最大判昭 41・2・23）。

しかし，何らかの権利制限を伴う計画で，しかも，事業が開始されたら（何らかの処分がなされてからでは）実際の取消しが難しくなるようなものについて，計画決定段階で取消訴訟の対象として処分性を認めるものも出てきています。土地区画整理事業についても「上記事業計画の決定は，行政事件訴訟法３条２項にいう『行政庁の処分その他公権力の行使に当たる行為』に当たると解するのが相当である」と述べ，取消訴訟の対象としての処分性を認めました（最大判平 20・9・10）。

最大判平20・9・10

この判決では事業計画が決定されると，換地処分を受けるべき立場に立たされることなどを法的地位に直接的な影響が生じると評価しています。また，換地処分が行われた際に争っても事情判決（のちほど５章で説明します）が出る可能性が高いことから，権利救済のために計画の決定の段階での取消訴訟の提起を認めたのです。

行政も契約を結ぶの？

行政ももちろん契約を結びます。たとえば，市がコピー機をリースしているという場合には，市とリース会社との間でリース契約が結ばれているはずです。このように，契約の一方当事者が行政主体である契約のことを**行政契約**といいます。

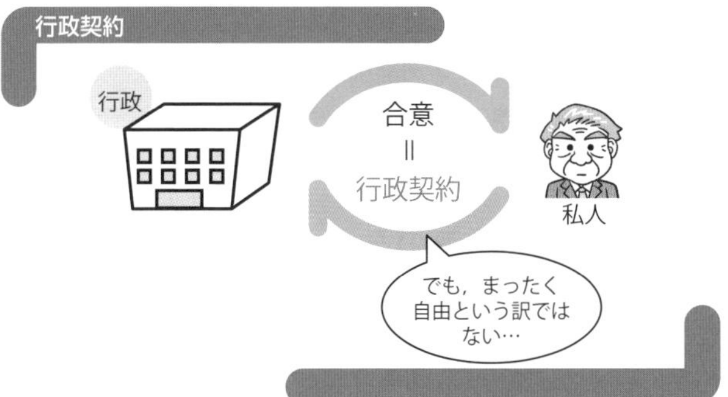

行政契約といっても契約なのですから，両当事者の間で意思が合致することが必要となります。ただ，全くの契約の自由があるかといえば，そうでないものもあります。**行政契約であることを踏まえて，法律で契約の自由を制限している場合もあるのです。**たとえば，水道は市などが水道事業者として住民と供給契約を結びます。しかし，この契約について，水道法15条１項には「水道事業者は，事業計画に定める給水区域内の需要者から給水契約の申込みを受けたときは，正当の理由がなければ，これを拒んではならない。」とありま

水道事業者

水道を供給する事業を行う者のことです。水道事業は普通，市町村が行っています。

す。水道事業者としては完全な契約の自由があるわけではないのです。「あの人，いつも市の悪口を言う人だから，契約を結びたくない」。水道契約についてはこうしたことはできないのです。

また，地方自治法などでは，行政機関が契約の相手方を選ぶには，誰もが参加できる入札（一般競争入札）で行うのを原則とするよう定められています。入札を行うことで安い予定価格を提示した者と契約を結ぶことができるからです。

このように行政契約については，法令による制限がなされているものがあることを覚えておいてください。

行政調査というのは誰が何を調査するの？

法律の規定が守られているかなどを行政機関が行う調査のことを**行政調査**といいます。調査をした結果，十分に守られていないようなら行政機関は守られるように働きかけをします。ただ，**行政調査は，あくまでも行政の目的のためのものであり，犯罪を捜査するためのものではありません**。たしかに，行政調査の過程で罰則付きの義務規定などに違反している事実が明らかになるかもしれません。しかし，その罰則を科すための証拠集めは別に警察などの捜査機関が行うのです。

行政調査

「立入検査の権限は，犯罪捜査のために認められたものと解してはならない」との規定が法律に置かれていますが，念のために述べた規定と考えられています。

行政調査はいくつか種類があるの？

行政調査は，そのやり方によって，いくつかの種類に分けることができます。まず，相手に自発的に協力してもらう調査を**任意調査**といいます。次に，調査を強制することはできませんが，法律で調査拒否に対して罰則が定められている調査があります。こうした調査を**罰則により担保された調査**といいます。

さらに相手の意思に反しても無理やり行うことができる調査があります。まるで捜査のような調査です。ただ，捜査と異なるのは警察官などが行うのではなく，こうした調査を行政機関の職員が行うことです。たとえば国税査察官のような特別な権限を与えられた職員がいます。こうした職員は税法違反が疑われる者に対して，強制的に調査をすることができ

任意調査

任意調査の手法はよく使われます。国税庁の職員が「ちょっと教えてください」と調査するのも任意調査です。

国税査察官

強制調査事務を担当する国税専門官のこと。マルサと呼ばれたりすることもあります。

ます。そして，集めた証拠を刑事裁判に使うことができます。こうした強制力のある調査を**犯則調査**といいます。犯則調査は捜査と同様に人権侵害に注意して，裁判所の許可状（令状）をとって行われます。

さまざまな行政調査の比較

任意調査	罰則により担保された調査	犯則調査
一般の行政機関の職員が行う		特別な行政機関の職員が行う
令状の必要なし		令状が必要

行政指導とはどんなものなの？

「指導，勧告」など，名前はさまざまですが，行政からのお願いベースの働きかけを**行政指導**といいます。法律や条例に根拠があるものもありますが，行政指導はお願いベースの働きかけなので，法的な根拠がなくても行うことができます。

行政指導はいろいろな場面で使われます。本当は法律や条例によらなければならない権利制限を「お願い」によって実現しようとする**規制的行政指導**や，事業者と住民の間のトラブルを取り持つなどの**調整的行政指導**，行政目的の実現のために国民へ情報提供や援助などをする**助成的行政指導**があります。

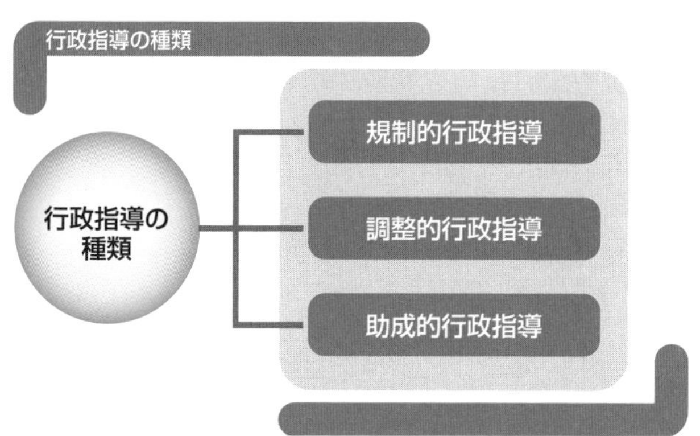

行政指導は何度もいうように「お願いベース」です。国民からすれば，それに従うかどうかは任意といえます。そのため，原則として，行政指導は不服申立て（審査請求）や取消訴訟の対象とはなりません。しかし，違法な行政指導によって損害を被ったときには国家賠償を請求することができます。

行政指導はお願いベースのものであっても，国民からすれば「従わなければならないもの」と感じることも多いものです，行政側もそうした国民の意識を逆手にとって，無理な行政指導をしぶしぶ承諾させることがありました。こうしたことから，現在では，行政手続法の中に行政指導のやり方に関するルールを規定しています。地方公共団体もこれと同様の行政手続条例を定めています。ダークな行政指導を一掃するためです。その内容については第4章で触れます。

行政指導と取消訴訟

行政指導について取消訴訟の対象とされた判例が一つだけあります（最判平17・7・15）。病院開設中止の勧告についてです。この勧告に従わないと保険医療機関とはなれない（保険が使える医療機関になれない）という事情を踏まえての判断でした。

行政指導の限界

要綱に従ってマンション建築業者に寄付金を無理やりに近い形で市が納めさせた事例について，次のように述べた判例があります。「本来任意に寄付金の納付を求めるべき行政指導の限界を超えるものであり，違法な公権力の行使である」（最判平5・2・18）。

「3-2 行政計画・行政契約・行政調査・行政指導」のまとめ

- ▶行政計画は一般には行政活動の青写真に過ぎませんが，場合によっては，計画の決定に処分性が認められるものもあります。
- ▶行政契約のなかには法律で契約の自由を制限しているものもあります。
- ▶行政機関（捜査機関ではなく）が行う調査を行政調査といいます。
- ▶行政調査には，任意調査，罰則により担保された調査，犯則調査があります。
- ▶犯則調査を行うには令状が必要です。
- ▶行政指導はお願いベースのものです。そのやり方などについては行政手続法（行政手続条例）で規定されています。

問題8　行政計画　特別区

行政法学上の行政計画に関する記述として，判例，通説に照らして，妥当なのはどれか。

1　行政計画とは，行政権が一定の目的のために目標を設定し，その目標を達成するための手段を総合的に提示するものであり，私人に対して法的拘束力を持つか否かにかかわらず，法律の根拠を必要としない。

2　行政計画の策定において，計画策定権者に対して広範囲な裁量が認められるため，手続的統制が重要になることから，公聴会の開催や意見書の提出などの計画策定手続は，個別の法律のみならず行政手続法にも規定されている。

3　最高裁判所の判例では，地方公共団体の工場誘致施策について，施策の変更があることは当然であるから，損害を補償するなどの代償的措置を講ずることなく施策を変更しても，当事者間に形成された信頼関係を不当に破壊するものとはいえず，地方公共団体に不法行為責任は一切生じないとした。

4　最高裁判所の判例では，西遠広域都市計画事業上島駅周辺土地区画整理事業の事業計画の決定は，施行地区内の宅地所有者等の法的地位に変動をもたらすものであって，抗告訴訟の対象とするに足りる法的効果を有し，行政庁の処分その他公権力の行使に当たる行為と解するのが相当であるとした。

5　最高裁判所の判例では，都市計画区域内で工業地域を指定する決定は，その決定が告示されて効力を生ずると，当該地域内の土地所有者等に新たな制約を課し，その限度で一定の法状態の変動を生ぜしめるものであるから，一般的抽象的なものとはいえず，抗告訴訟の対象となる処分にあたるとした。

解説

1　妥当ではない。私人に対して法的拘束力がある計画なら法律の根拠が必要となるという考え方が通説です。

2　妥当ではない。行政手続法には行政計画策定の手続は定められていません。

3　妥当ではない。「当事者間に形成された信頼関係を不当に破壊するものとして違法性を帯び，地方公共団体の不法行為責任を生ぜしめるものといわなければならない」（最判昭 56・1・27）と最高裁は述べています。

4　妥当である。判例（最大判平 20・9・10）は設問のように判示しています。

5　妥当ではない。判例（最判昭 57・4・22）は，一定の法状態の変動を生ぜしめるものであることは否定できないとしながらも，「当該地区内の不特定多数の者に対する一般的抽象的なそれにすぎず」として，抗告訴訟の対象となる処分としませんでした。

正解　4

3-3 国総 ★ 国般 ー 地上 ★★ 市役所 ー

公物
～公の目的のために使わせている物～

公物とはどんなもの？

公物は「こうぶつ」と読みます。国や公共団体により直接，公の目的のために使わせている物のことです。公物はいろいろな方法で分類できます。一番，重要なのが公共用物と公用物に分ける分類です。「公共のため」という言葉がありますが，一般の国民（住民）が直接，使えるよう提供されているのが**公共用物**です。これに対して，「公の目的のため」とはいえ，直接的には官公署などとして公務員に使わせているのが**公用物**です。

「公の営造物」との関係

国家賠償法２条では公の営造物という言葉が出てきます。これも公物のことだと理解しましょう。

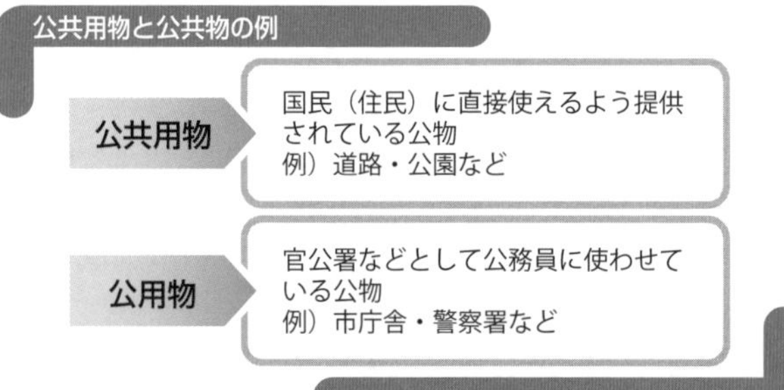

公物は別な観点でも分類できます。たとえば，人の手で整えられ提供された公物を**人工公物**といいます。これに対して自然のままに提供されている公物が**自然公物**です。道路は人工公物です。河川や海岸は自然公物の例です。

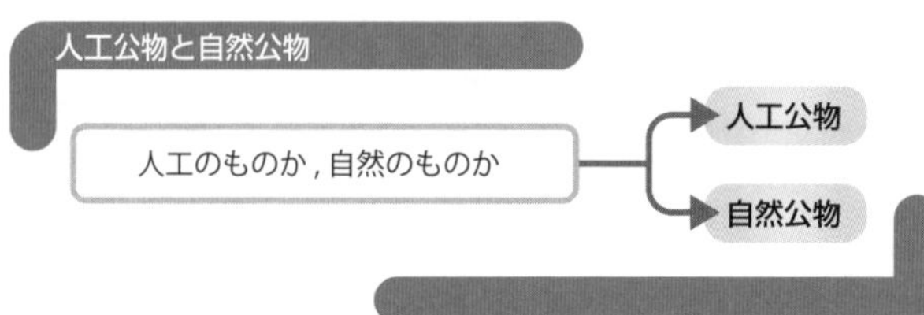

また，公物の所有権からの分類方法もあります。実は，公物の管理者は自らその公物を所有しているとは限りません。公立の美術館に行くと，個人所蔵と書かれた展示品を見かけることがあります。その展示品も公物なのです。この場合，公物の管理者と所有者が違うわけです。管理者が所有していない公物を**他有公物**といいます。一方，管理者が所有している公物を**自有公物**といいます。

公物はいつ公物になり，いつ公物でなくなるの？

自然公物は，そもそも自然の物を利用しているのですから，いつ公物となり，いつ公物として廃止されたかは問題になりません。しかし，人工公物についてはそのことが問題となります。ただ，市庁舎や警察署などの公用物の場合には，この点，あまり気にしなくても大丈夫です。市庁舎や警察署として使われ始めたときが公物としてのスタートですし，使われなくなったときが公物としての廃止だからです。

問題となるのは公共用物です。物理的に通れるようになったからといっても道路にはなりません。「この区間を道路として使ってもいいですよ」と，公報などで「供用開始の公示」を行ってはじめて公物となります。こうした公示を**公用開始行為**といいます。道路として使わなくなったときにも，同様に道路を廃止するための行為をします。これを**公用廃止行為**といいます。ただ，取り立てて公用廃止行為をしなくても，もう使えないような状態になってしまっている場合には廃止がなされたものとみなされます。

黙示的な公用廃止

ハッキリ廃止が公示されていないけれど公用の廃止を認めた判例があります。地図上では水路であっても，長い間，水田として使われてきた土地について，黙示的な公用廃止を認めたのです（最判昭51・12・24）。

なぜ，公物であるかないかが問題となるの？

「公物であるかどうか」が問題となるのには理由があります。それは取得時効との関係です。たとえば，誰かの土地を囲って「私の土地です！」と標識を立てたとします。20年間，所有者がそれについてクレームを言わなければ，その人の土地となる可能性があります。一方，公園に無断で小屋を建て20年間寝泊まりしていても，その土地は自分のものにはなりません。公物には取得時効は適用されないのです。時効

時効取得

民法162条１項には「20年間，所有の意思をもって，平穏に，かつ，公然と他人の物を占有した者は，その所有権を取得する」とあります。なお，「善意であり，かつ，過失がなかったときは（自分のものだと思い，そのことに過失がないときには）」10年で時効取得します（同条２項）。

取得との関係で，公物かどうかということは問題となるのです。

 公物はどんな風に使わせているの？

最後に公物の使わせ方についても考えてみましょう。公物は国民（住民）のために使わせているものですが，公共用物は，「自由に使っていいよ！」という状態で提供されています。考えてもみてください，市道を普通に通るだけなら許可などいらないはずです。こうした使用の方法を**一般使用**といいます。ただ，同じ道路を使う場合であっても，デモ行進で使用するとなると事情は違ってきます。道路交通法で規制されている行為なので警察署の許可が必要となります。一般的に禁止されていることを解除され使用できるようになるので，こうした使用を**許可使用**といいます。また，ある市道がお祭りの日に出る屋台のために使用されるということもあるかもしれません。このような場合，特定の人に特別の地位を与える形で使用されることになるので**特許使用**といいます。

許可使用と特許使用

行政法学の用語としての「許可」や「特許」と同じ意味で使われています。

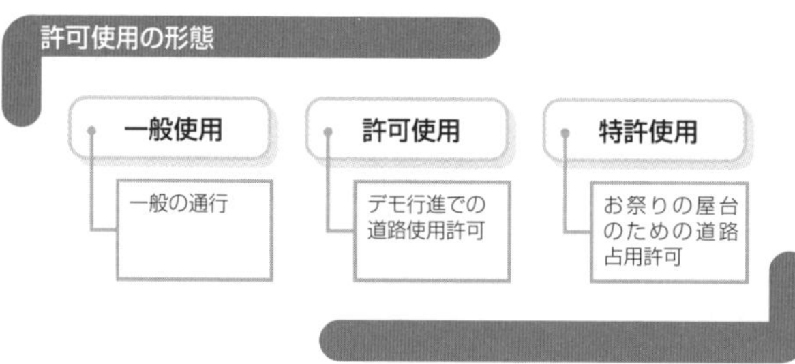

「3-3　公物」のまとめ

▶公物は大きく公共用物と公用物に分かれます。
▶公物は，人工公物・自然公物，他有公物・自有公物に分類することもできます。
▶人工公物である公共用物については，公用開始行為と公用廃止行為が問題となります。
▶公物となれば時効取得できません。

3-4　国総 ★★★　国般 ★★★　地上 ★★★　市役所 ★★

情報公開法
～行政が有する情報の公開を求める～

情報公開法は正式には「行政機関の保有する情報の公開に関する法律」（以下，３－４で「法」といいます）。法１条には「政府の有するその諸活動を国民に説明する責務が全うされるようにするとともに，国民の的確な理解と批判の下にある公正で民主的な行政の推進に資することを目的とする」とあります。この前段にあるものが**説明責任**といわれるものです。近頃，よく話題になる説明責任という言葉，実は情報公開法が起源なのです。

情報公開についてはむしろ地方公共団体の方が先に進みました。それぞれの自治体には同様の内容が確保された情報公開条例が定められています。

情報公開法
別に「独立行政法人等の保有する情報の公開に関する法律」もあります。

情報公開法はどんな機関のどんな情報が対象となるの？

対象は，題名どおり，行政の機関ということになります。内閣から独立性のある会計検査院も含まれますが，国会や裁判所は直接の対象とはなりません。地方公共団体についても，法律とは別に情報公開条例が制定されていますので対象外です。

情報公開の対象となる行政文書は，行政機関の職員が職務上作成・取得した文書，図画及び電磁的記録であって，行政機関の職員が組織的に用いるものとして，その行政機関が保有しているものをいいます（法２条２項）。

画面
「ずが」ではなく「とが」と読みます。図や絵など文字以外で表現されたものをいいます。

対象文書
決裁されたかどうかは関係ありません。「職員が組織的に用いるものとして，その行政機関が保有しているもの」が対象となります。

情報公開法は国民の知る権利に応えたものなの？

法３条には，「何人も，この法律の定めるところにより，行政機関の長に対し，当該行政機関の保有する行政文書の開示を請求することができる」とあります。国民の知る権利という表現はなく，**開示請求権**として規定しています。

何人も
「なんぴとも」と読みます。誰でもという意味です。自然人だけでなく，法人，そして外国人（外国に居住する外国人も）も情報公開請求が可能なところがポイントです。

開示請求した文書はすべて開示されるの？

・開示の原則

行政機関の長は不開示情報が載っていない限り，開示請求された文書を開示しなければなりません。逆にいえば，不開示情報が掲載されていれば開示されません。不開示情報としては，個人を識別するような情報や企業の競争情報などがあります。

・部分開示と裁量的開示

ただ，不開示情報が載っている文書がすべて不開示になるかといえばそうではありません。不開示情報が掲載されている部分を取り除くことができるときには，その部分を除いて開示します。これを**部分開示**（法６条）といいます。

・裁量的開示

さらに，極めてまれな場合ですが，不開示情報であっても，公益上特に必要があり，その文書を開示することがあります。これを公益上の理由による**裁量的開示**といいます（法７条）。

・グローマー拒否

また，「当該開示請求に係る行政文書が存在しているか否かを答えるだけで，不開示情報を開示することとなるときは，行政機関の長は，当該行政文書の存否を明らかにしないで，当該開示請求を拒否することができる」（法８条）という規定もあります。たとえば，ある公立病院に入院していると思われる患者について，「○○さんの病状に関するカルテを公開してください」と請求した場合，「それは不開示情報であり開示できません」と答えては，○○さんがその病院に入院していることを認めたことになります。こうした場合には，単に請求を拒否できるとしたのです。これを**グローマー拒否**といいます。

開示の方法

開示請求されると文書が開示されるのが原則です。しかし，不開示情報がある場合には開示されません。ところが，不開示情報があっても，例外的にその部分を取り除いて（黒塗りなどして）開示される場合があります。これが部分開示です。さらに例外中の例外として定められているのが裁量的開示です。例外中の例外ですから，その数は少ないですが，一つ例を挙げれば，日本銀行の本店課長職以上の職員の再就職についての文書が個人情報も含めて公益性があるとして開示されたことがあります。

グローマー拒否

「文書が存在するかしないかを明らかにしないで」開示請求を拒否するのがポイントです。

情報開示の手続

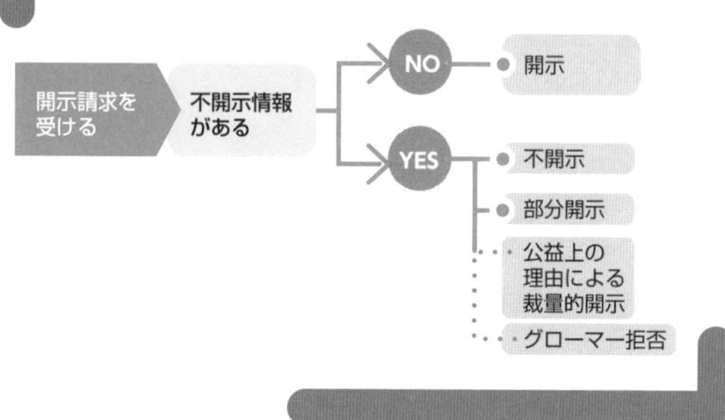

開示決定等に関する不服申立ては通常の審査請求で行われるの？

開示決定等についての審査請求があったときは，原則として，特別の諮問機関に諮問(しもん)されます。情報公開法の場合（国の場合）でいえば，総務省に置かれる**情報公開・個人情報保護審査会**（行政機関の長が会計検査院の長である場合については会計検査院情報公開・個人情報保護審査会）がそれです。なお，審査請求をせずに，開示決定等の取消しを裁判所に求めることもできます。

開示決定等の審査請求

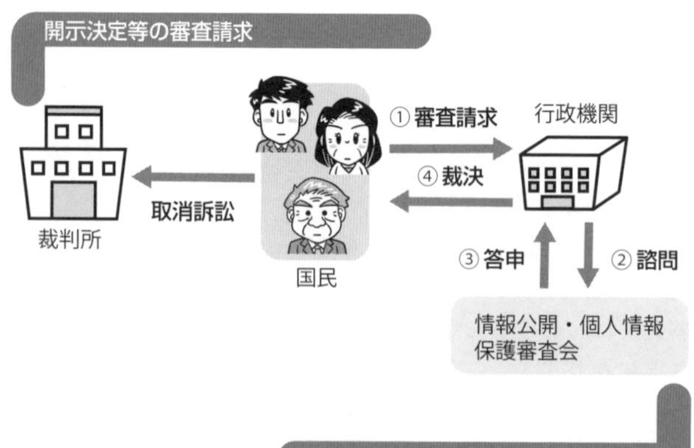

情報公開・個人情報保護審査会は，必要があると認めるときは，諮問をした行政庁に対し，行政文書等や保有個人情報

地方公共団体の場合

地方公共団体の場合（情報公開条例の場合）には，条例を根拠にして設置された「情報公開・個人情報保護審査会」や「情報公開審査会」が諮問機関となります。

諮問（しもん）

開示，非開示決定の当否について，有識者などに意見を求めることを諮問といいます。

インカメラ審理

情報公開訴訟ではインカメラ審理は認められていません。

インカメラ審理とは問題となる文書（実物）を提出させ，非公開で審理することです。

の提示を求めることができます。実物を見て審査会は判断するのです。これを**インカメラ審理**といいます。

「3-4　情報公開法」のまとめ

▶情報公開法では行政文書の開示請求権を定めています。
▶行政機関の長は，開示請求された場合には不開示情報に当たらない限り文書を開示しなければなりません。
▶開示決定などについて審査請求があったときは，裁決すべき行政機関の長は，原則として情報公開・個人情報保護審査会に諮問しなければなりません。

問題９　行政機関情報公開法　市役所

行政機関情報公開法（正式名称は「行政機関の保有する情報の公開に関する法律」）に関する次の記述のうち，妥当なものはどれか。

1. 条例等で別に定めのある場合を除いて，この法律は地方公共団体にも適用される。
2. 行政機関の組織内で用いられている文書であっても，決裁を経ていない文書は本法による公開の対象とならない。
3. 行政機関情報公開法は国民主権の理念に則って制定された法律であるから，行政文書の開示請求ができるのは日本国民のみに限られる。
4. 行政文書の開示請求ができるのは，当該行政文書の公開について法律上の利益を有する者でなければならない。
5. 行政機関の長は，開示請求された行政文書の存否を答えるだけで不開示情報の開示となる場合には，当該文書の存否を明らかにせずに開示請求を拒否できる。

解答

1　妥当ではない。地方公共団体には適用されません。それぞれの地方公共団体が情報公開条例を定めて対応しています。

2　妥当ではない。決裁されているかどうかは問われません。

3　妥当ではない。行政文書の開示請求は「何人も」できます。日本国民に限りません（法3条）。

4　妥当ではない。法律上の利益を有する者のみ開示請求できるとの規定はありません。

5　妥当である。当該文書の存否を明らかにせずに開示請求を拒否できる「グローマー拒否」を定めています（法8条）

正解5

第4章 行政作用法３ 行政手続法

大事な行政の４つの手続

この章では，行政手続法のことを学んでいきます。その名のとおり，主な行政手続についての手続を定めた法律です。地方公共団体には直接，行政手続法は適用されません。しかし，同様の内容を持つ行政手続条例などがそれぞれの地方公共団体で定められています。その意味ではすべての公務員になろうとする人にとっての大切な法律といえます。特に処分に関する手続と，行政指導に関する手続は頻出事項となっています。

4-1　国総 ★★★　国般 ★★★　地上 ★★　市役所 ★★★

行政手続法総論
～行政手続法に書かれていること～

行政手続法というのは，もちろん行政の手続に関する法律です。しかし，題名が少し「大風呂敷」を広げています。というのは，すべての行政手続に関して定めがあるのではなく，主に４つの行政手続について規定があるだけだからです。しかし，この４つの手続が選ばれたのには理由があります。いずれの手続も国民から見て，公正さや透明性が問題となりやすいのです。

「題名」って？

法令の名前のことです。

行政手続法で定めがある「手続」ってどんなものがあるの？

行政手続法で手続を定めているのは，処分，行政指導，届出，意見公募手続等の４つです。こうした４つの手続は国民から見て公平性や透明性が問題になりやすいものです。過去のトラブルも踏まえて４つの手続が選ばれています。特に処分については，**申請に対する処分**と**不利益処分**に分け，たくさんの条文数が割かれています。

「どうしてあの人は許可がもらえたのだろう…」，「なぜ，私だけ営業停止になるの？」，こんな声が出やすいことを考えれば，条文数が多いことも分かってもらえるはずです。

意見公募手続等というのは，イメージしにくいかもしれません。いわゆるパブリックコメント手続のことです。公務員が「パブコメ」と略していうアレです。これは行政が定めることができるルールについても，国民の意見を踏まえて定めようとする手続です。それぞれの手続についても順に本章で説明していくことにしましょう。

行政手続法の制定

行政手続法は平成５年（1993年）に制定されました。当初は，意見公募手続等の部分がありませんでしたが，平成17年（2005年）改正で追加されました。

意見公募手続等

「等」の部分は実施したパブリックコメント手続の結果の公表を意味しています。

行政手続法が定める手続の内容

行政手続法が定める４つの手続	処分	申請に対する処分
		不利益処分
	行政指導	
	届出	
	意見公募手続等	

行政手続法は公正さと透明性のために定められたと聞いたけれど？

行政手続法１条の目的規定には「行政運営における公正の確保と透明性（行政上の意思決定について，その内容及び過程が国民にとって明らかであることをいう。（中略））の向上を図り，もって国民の権利利益の保護に資することを目的とする」とあります。

透明性というのは，いろいろと意味が込められる言葉ですが，行政上の意思決定過程を明らかにすることを示しています。たとえば，許可を与えられる場合の要件は法律に書かれていますが，その内容は抽象的です。しかし，その内容を具体化して許可を与える場合の基準を定めて明らかにしたらどうでしょう。国民からの不信の目も和らぐはずです。それは国民の不信を拭い去るばかりでなく，行政の適正な手続を進め，国民の権利利益を守ることにもつながるというわけです。

要件が抽象的

要件が抽象的だからこそ，一つひとつの事例での判断が必要となります。言い換えると，行政裁量があるということです。

許可を与える場合の基準

この基準がのちほど４-２で説明する審査基準なのです。

行政手続法が適用されない場合もあるの？

行政手続法には**適用除外**に関する定めがあります。適用除外事項に当たれば，行政手続法は適用されません。公務員試験ではそれほど詳しく出題されないので，ざっくり説明すると…，適用除外事項はいくつかに分類できます。国会や裁判所など行政とは独立した機関の処分，刑事事件関係の手続としての処分，学校や刑務所での教育的目的の処分などがそれです。こうしたもののなかには，行政不服審査法の適用除外事項と共通するものも多くあります。

さらにもう一つだけ付け加えると，地方公共団体の機関の条例や規則に基づく処分なども適用除外となります。

行政手続法（この４章では単に「法」といいます。）46条には，適用除外された地方公共団体の処分などについて「この法律の規定の趣旨にのっとり，行政運営における公正の確保と透明性の向上を図るため必要な措置を講ずるよう努めなければならない」と規定しています。「努めなければならない」なんて控えめに書いていますが，それは地方分権を意識してのことです。「定めてくれよ！」というのが国の本当の

地方公共団体の機関がする処分

地方公共団体の機関がする処分であっても，それが法律に基づくものである場合には行政手続法が適用されます。

気持ちです。この規定を受けて，それぞれの地方公共団体は行政手続条例などを定めて，抜け落ちた部分をカバーしています。

適用除外される処分

- 行政とは独立した機関の処分
- 刑事事件関係の手続としての処分
- 学校や刑務所での教育目的の処分
- 地方公共団体の機関の処分

条例や規則に基づくもののみ

行政手続条例

パブリックコメント部分だけは条例ではなく要綱などを根拠に行っている地方公共団体も多いです。法律が定めるパブコメは誰もが意見を言えるしくみなのですが，地方公共団体の多くは住民だけが意見を言えるようにしたいようです。そのため，パブコメを法律にならった条例で定めず要綱で定めています。

「4-1　行政手続法総論」のまとめ

▶行政手続法は「行政運営における公正の確保と透明性」を向上させるための法律です。

▶行政手続法では，処分，行政指導，届出，意見公募手続等の４つの手続について定めています。

▶地方公共団体は同様の内容の行政手続条例などを定めています。

4-2　国総 ★★★　国般 ★★★　地上 ★★　市役所 ★★★

申請に対する処分
～許認可などの手続～

ここでは，処分に関する手続の一つである「申請に対する処分」について見ていきましょう。申請に対する処分というのは，法令に基づき，許可，認可，免許などを求めて，それに対して行政庁が行う処分のことです。許可するとか，許可しないなどの処分のことです。

審査基準って何？

申請に対する処分を行う行政庁は**審査基準**というものを定めなければなりません。審査基準は「申請により求められた許認可等をするかどうかをその法令の定めに従って判断するために必要とされる基準」（行政手続法２条８号ロ）のことです。

審査基準とは？

簡単にいえば，許認可等をするかどうかの基準のことです。

「鈴木さんは許可するが，田中さんは許可しない」。もし，そうしたことがあっても，「鈴木さんが好きだから」，「田中さんが好きでないから」というわけではないはずです。鈴木さんの申請内容は許可の要件に合致しているけれども，田中さんの申請内容は合致していないからに違いありません。しかし，法令の許可要件の条文は抽象的です。行政が要件を満たしているかどうか判断するため，条文をさらに詳しくする基準が必要です。そして，その基準が国民にもオープンになっていれば，行政に対する信頼は確保されます。この基準が審査基準なのです。

審査基準の意義

どんな場合なら許認可等が認められるか国民に知らせる意味もあります。

行政手続法５条では，次のような規定を置いています。審査基準を定めることと，定めた審査基準を原則，オープンとするのは行政庁の義務となっているのです。

審査基準の公開の例外

「行政上特別の支障があるとき」は公開しなくてもいいとされています（法５条３項）。

行政手続法

（審査基準）

第５条　行政庁は，審査基準を定めるものとする。

２　行政庁は，審査基準を定めるに当たっては，許認可等の性質に照らしてできる限り具体的なものとしなければならない。

3　行政庁は，行政上特別の支障があるときを除き，法令により申請の提出先とされている機関の事務所における備付けその他の適当な方法により審査基準を公にしておかなければならない。

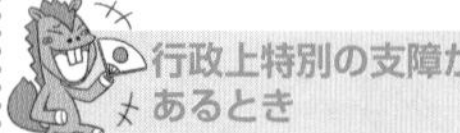

想定されるのは，公表すると国の安全が脅かされるとか，他の国との信頼関係を損なうような例外的な場合です。

標準処理期間って何？

標準処理期間というのは，「申請がその事務所に到達してから当該申請に対する処分をするまでに通常要すべき標準的な期間」（法6条）のことです。許可などの申請をした者からすると「いつまで待たせるんだよ！」とイライラが募ることがあります。「嫌がらせなのではないか？」と，こうした事態が行政の不信につながることもあるかもしれません。

そこで，法6条では，標準処理期間を「定めるよう努める」としています。努力義務規定にとどめたのは，許認可等の種類によっては，あらかじめ必要な期間を見積ることができないものもあるからです。ただ，定めた以上は，「事務所における備付けその他の適当な方法により公にしておかなければならない」としています。

標準処理期間とは？

簡単にいえば，申請から処分までの標準的な日数のことです。

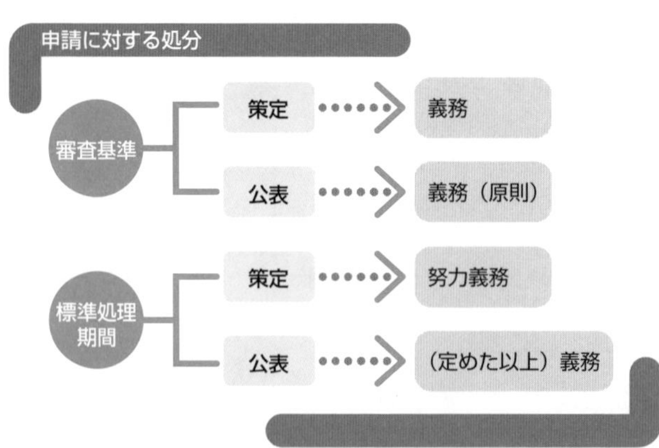

形式的に整っていない申請があったらどうするの？

記載しなければならない事項が未記載になっているなど形式的に整っていない申請があった場合には，相当な期間を定めて補正を求めるか，許認可等を拒否することになります(法7条)。同じ条文には，申請が事務所に到達したら，審査を開始しなければならないとも規定しています。

「補正」って？

足りない部分を補うことです。「氏名が記載されていませんよ」と記載を促すイメージです。

許認可等を拒否する場合，理由まで示さなければならないのはなぜ？

許認可等を拒否する処分をする場合には，同時にその理由を示さなければなりません（法8条)。これは4－3で扱う不利益処分を行う際も同じです。

理由を示すことは「しっかり考えて処分を行う」ことを期待する意味と，不服申立てや取消訴訟を起こす際の情報提供の意味があります。拒否された者が不服申立てや取消訴訟を起こしても理由が分からないと，十分な主張をすることができません。そこで理由を明らかにするよう求めているのです。

理由の提示

処分を書面で行う場合には理由も書面で示さなくてはなりません(法8条2項)。行政庁の思うままに処分をさせないため，また処分を受ける者が不服申立て等を行いやすくするためです。

許認可等の拒否処分と理由

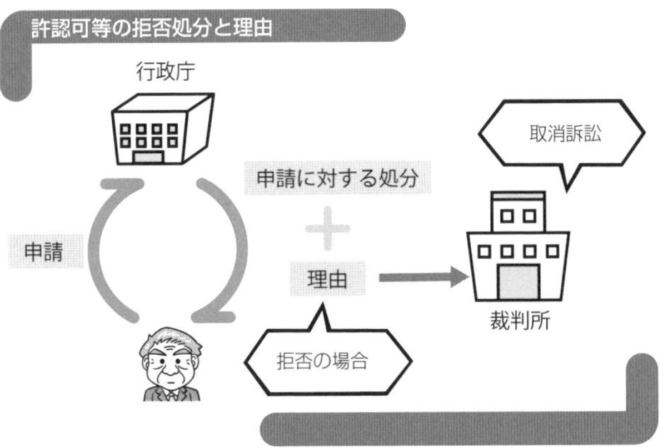

ただ，そう考えると，許可の要件として「20歳以上の者」とあるときに，18歳の者が申請し許可を拒否されても拒否理由は必要ないように思われます。法8条には「審査基準が数量的指標その他の客観的指標により明確に定められている場合」にそれが当たらないことが明らかであるなら，申請者か

ら求めたときのみ理由を示せばいいということになっています。

公聴会は必ずしないといけないの？

公聴会というのは，申請に対する処分に関係する手続です。しかも，**申請者以外の人の意見を聞く手続です**。たとえば，原子炉の設置許可の申請があったとします。設置されたら周辺の住民は万が一の事故の際には大きな影響を受けることになります。もちろん，設置の許可はこうした周辺住民の安全も含めて審査されるわけです。

法10条では申請者以外の利害をも考慮しなければならないことが許認可の要件となっているときには，公聴会の開催などを行って，申請者以外の者の意見を聞く機会を設けるよう努めなければならないとされています。義務ではなく，努力義務として規定されています。

公聴会とは？

申請者以外の意見を聴く手続のことです。「申請に対する処分」の手続の一つであることを忘れないで！

努力義務

行政庁が果たすべき努力義務です。

「4-2 申請に対する処分」のまとめ

- ▶行政庁は審査基準を定め，特別の支障があるときを除き，公にしておかなければなりません。
- ▶行政庁は標準処理期間を定めるよう努めるとともに，これを定めたときには公にしておかなければなりません。
- ▶許認可等を拒否する場合には，同時にその理由を示さなければなりません。
- ▶申請者以外の利害を考慮すべきときには公聴会などそうした者の意見を聞く機会を設けるよう努めなければなりません。

問題10　申請に対する処分の手続　国家専門職

申請に対する処分の手続に関するア～オの記述のうち，妥当なもののみをすべて挙げているのはどれか。

ア．行政庁は，許認可等の判断に必要な審査基準を定め，行政上特別の支障があるときを除き，これを公にしておくことを義務付けられるが，「公にしておく」とは，申請者や一般国民からの求めがあれば自由に閲覧できる状態にしておくだけでは足りず，行政庁が積極的に周知させることが必要である。

イ．行政庁は，申請が事務所に到達してから処分をするまでに通常要すべき標準的な期間を設定し，これを公にするよう努めなければならない。

ウ．行政庁は，申請により求められた許認可等を拒否する処分をする場合は,原則として，申請者に対して，同時に，その処分の理由を示さなければならず，その処分を書面でするときは，理由の提示も書面によらなければならない。

エ．処分の理由の提示は,処分の根拠規定を示すことが必要であるが，いかなる事実関係につきどの条項が適用されたのかを申請者が知り得るような理由の提示までは必要とされないとするのが判例である。

オ．行政庁は，申請者の求めがあったときは，その申請に係る審査の進行状況及びその申請に対する処分の時期の見通しを書面で示さなければならない。

1　イ　　2　ウ　　3　ア，ウ
4　ア，エ　　5　ウ，オ

解答

ア　妥当ではない。積極的に周知させることまでは求められていません。

イ　妥当ではない。標準処理期間については，定めることは努力義務ですが，定めた以上，「事務所における備付けその他の適当な方法により公にしておかなければならない」（法６条）のです。

ウ　妥当である（法８条）。

エ　妥当ではない。判例は「処分の原因となる事実及び処分の根拠法条に加えて，本件処分基準の適用関係が示されなければ，処分の名宛人において，上記事実及び根拠法条の提示によって処分要件の該当性に係る理由は知り得るとしても，いかなる理由に基づいてどのような処分基準の適用によって当該処分が選択されたのかを知ることは困難であるのが通例であると考えられる」として，事実関係についてどの条項が適用されたのか申請者が知り得るような理由の提示まで必要としています（最判平23・６・７）。

オ　妥当ではない。「審査の進行状況及び当該申請に対する処分の時期の見通しを示すよう努めなければならない」（法９条１項）。努力義務規定であり，しかも書面での提供までは求められていません（法９条１項）。

以上から　妥当なのは**ウ**のみであり，**2**が正解となります。

正解２

4-3　国総 ★★★　国般 ★★★　地上 ★★　市役所 ★★★

不利益処分
～権利制限の処分などの手続～

処分に関する手続のうち，次は，不利益処分に関する手続です。申請に対する処分と似たような手続もあるので，間違えないようにしてくださいね。

不利益処分ってどんな処分なの？

法令に基き，特定の者に「義務を課し，又はその権利を制限する処分」（行政手続法２条４号）が不利益処分です。ただ，許認可等の拒否処分は不利益処分ではありませんので注意が必要です。それは申請に対する処分として扱うわけですから除かれています。

処分基準って何？

不利益処分をするか，するとしても，どのような不利益処分をするかの基準を処分基準といいます（法２条８号ハ）。**不利益処分**の基準なので処分基準なのです。

行政庁は処分基準を定め，それを公にするよう努力義務が課されています。どちらも努力義務にとどめたのには理由があります。不利益処分にはめったに行われないようなものがあり，基準を予め定めておくことが難しいものもあります。また，「法違反があっても１回目は許可の取消しまではしない」などという処分基準があったとしたら，それを公表することでかえって法違反が増えてしまうことも考えられます。そこで，処分基準は定めることも，公にすることも努力義務としているのです（法12条１項）。

「不利益処分の手続」のキモ

相手方に不利益な効果を発生させる処分を行うわけですから，事前に意見を述べるなどの手続を保障してあげなくてはなりません。不利益処分の手続では，この点が中心となります。

処分基準とは？

食中毒を起こした食堂への営業停止処分を例にとれば，営業停止をするか，するにしても何日にするかの基準です。

処分基準はできる限り具体的なものとしなければなりません（法12条２項）

理由もやはり示すの？

不利益処分をする際にはもちろん理由を示さなければなりません。ただ，不利益処分が差し迫った必要がある場合に行われるときには，処分と同時に理由を示す必要はありません（法14条1項）。食中毒が起きて，詳しい原因が不明であるが，まずは被害が広がらないように営業停止にするという場合などがあるかもしれません。ただ，その場合であっても，原則として，処分後相当の期間内に，理由を示さなければならないものとされています（同条2項）。

差し迫った必要がある場合

「申請に対する処分」の場合には差し迫った情況が考えられませんので，こうした例外規定はありません。

理由の提示

一級建築士の免許取消処分に関して，事実関係についてどの条項が適用されたのか申請者が知り得るような理由の提示まで必要としています（最判平23・6・7）。

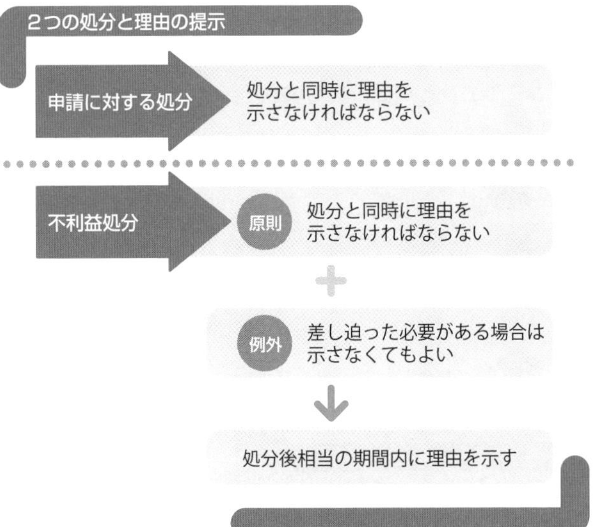

不利益処分をする前には，言い分は聞いてくれるの？

行政手続法では不利益処分をする前に，不利益処分をされようとする者から言い分を聞く手続を定めています。近頃は，幼稚園の先生が子供を叱ろうとする際でも先に「どうしたの？」，「どうしてそんなことしたの？」と尋ねるものです。こうした手続は不利益処分をされようとする者の権利保護の意味で望ましいことです。さらにいえば，この手続のなかで，誤った不利益処分が回避されることもあるかもしれま

権利保護

憲法31条が保障する「適正手続の確保」という面からの意味があります。

せん。その意味では事前の救済的な意味もあります。

「聴聞」と「弁明の機会の付与」とはどう違うの？

「聴聞」も「弁明の機会の付与」も言い分を聞く手続です。しかし，違うのは丁寧さです。**聴聞**（ちょうもん）は，口頭で言い分をいうことができます。この点で裁判に似ています。一方，**弁明の機会の付与**では，単に言い分を書面に記して提出するだけです。

では，どんな場合に「聴聞」の手続が，どんな場合に「弁明の機会の付与」の手続が行われるかですが，それは不利益処分の軽重で決まります。

具体的には，許認可等を取り消したり，資格などをはく奪するなどの重い不利益処分の場合には聴聞の手続が行われます。それ以外の不利益処分の場合には弁明の機会の付与の手続が行われるのです（法13条１項）。

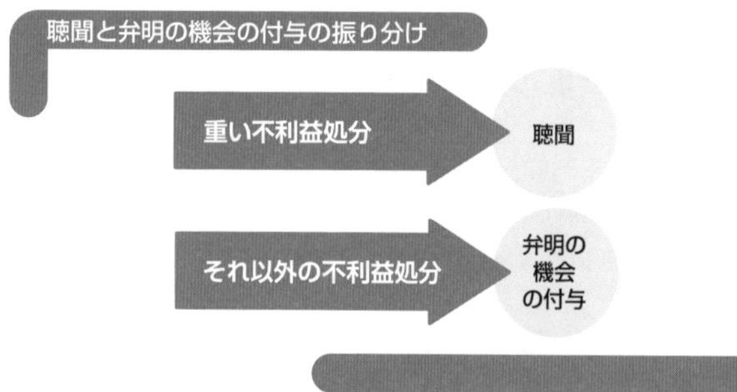

聴聞の省略

公益上，緊急に不利益処分をする必要があるため意見陳述の手続がとれない場合には，聴聞や弁明の機会の付与は行われないことがあります（法13条２項）。

軽い不利益処分

営業や業務の停止は，そもそもの許可や資格を奪うわけでありませんので，軽い不利益処分に分類されます。

「聴聞」はどんな手続なの？

聴聞では，その聴聞を取り仕切る者が選ばれます。これを**主宰者**といいます。主宰者は裁判における裁判長のイメージです。ただ，聴聞は非公開が原則です。また，主宰者は行政庁が主として職員のなかから選びます。主宰者は，最初の聴聞の期日の冒頭において，行政庁の職員に，次のようなことを説明させます。

主宰者とは？

聴聞を取り仕切る者です。「主催者」ではありません。漢字に注意！

・予定される不利益処分の内容
・根拠となる法令の条項
・原因となる事実

不利益処分の当事者や**参加人**は，聴聞の期日に出頭して，意見を述べ，及び証拠書類等を提出し，並びに主宰者の許可を得て行政庁の職員に対し質問を発することができます（法20条２項）。

主宰者は聴聞の期日ごとに，聴聞の経過を記載した調書を作成しなくてはなりません。これを**聴聞調書**といいます。聴聞の期日は基本的に１日ですが，さらに続行する必要があるときには，新たな期日を定めることもあります（法22条１項）。そうした期日ごとに聴聞調書を作成するのです。

さらに，主宰者は当事者等の主張に理由があるかどうかについての意見もまとめます。これが**報告書**です。主宰者はこの聴聞調書と報告書を行政庁に提出します（法24条）。行政庁は，この聴聞調書や報告書を十分，「参酌」して，処分を行うものとされています（法26条）。

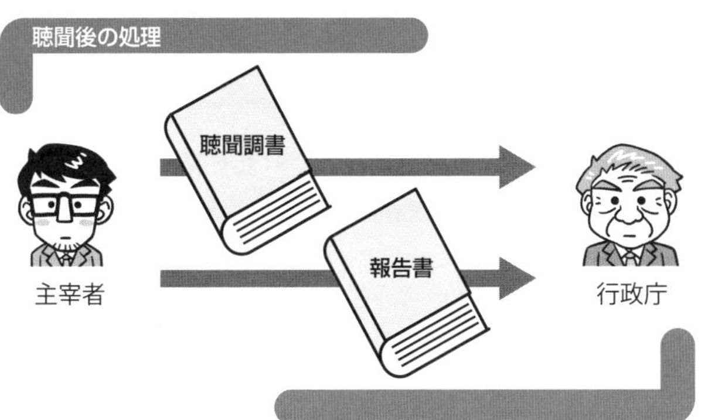

代理人や補佐人の制度があると聞いたけれど？

当事者は**代理人**を選んで聴聞に関する一切の行為をさせることもできます（法16条２項）。報酬を得て代理人を引き受ける場合はともかく，そうでなければ特に代理人の資格についての制限はありません。代理人の資格は書面で証明しなければなりません（同条３項）。

参加人とは？

利害関係があって参加が認められた者のことです。

陳述書

出頭できないときには，聴聞の期日までに陳述書と証拠書類等を提出することができます。聴聞で言うべきことを書面にしたものが陳述書です。

聴聞調書と報告書

事実と経過を記した聴聞調書と主宰者の意見が記された報告書の両方が提出されるのがポイントです。

参酌（さんしゃく）

十分参考にして判断すること。

補佐人というのは，当事者や参加人と一緒に聴聞の場に参加する者のことです。当事者などを支援する第三者と考えればいいでしょう。補佐人が出頭するには主宰者の許可が必要です（法20条３項）。

聴聞の再開（やり直し）ってあるの？

聴聞の再開もありますが，限られた場合だけです。「聴聞の終結後に生じた事情にかんがみ必要があると認めるとき」と法25条には規定されています。この場合には行政庁は報告書を戻して再開を命じることができます。

聴聞の再開が行われる場合

不利益処分の原因となった事実について新たな証拠書類などが見つかったり，証拠書類などに誤りが見つかったような場合はそれに当たるでしょう。

「弁明の機会の付与」はどんな手続なの？

行政庁が口頭で行うことを認めた場合を除き，弁明を記載した書面（これを「**弁明書**」といいます。）を提出します。証拠書類等も提出することができます。（法29条）

「4-3 不利益処分」のまとめ

- ▶行政庁は処分基準を定め，公にしておくよう努めなければなりません。
- ▶不利益処分をする場合には，差し迫った必要がある場合を除き，同時に理由を示めさなければなりません。
- ▶重い不利益処分には聴聞の手続が，そうではない不利益処分には弁明の機会の付与の手続がなされます。
- ▶聴聞が終了した場合，主宰者は聴聞調書と報告書を行政庁に提出しなければなりません。

問題11　行政手続法に規定する不利益処分　特別区

行政手続法に規定する不利益処分に関する記述として，妥当なのはどれか。

1. 行政庁は，不利益処分をするかどうかについて法令の定めに従って判断するために必要とされる基準を定め，かつ，必ずこれを公にしておかなければならず，その基準を定めるに当たっては，不利益処分の性質に照らしてできる限り具体的なものとするよう努めなければならない。
2. 行政庁は，名あて人の資格又は地位を直接にはく奪する不利益処分をしようとするときは，当該不利益処分の名あて人となるべき者について，聴聞の手続を執らなければならないが，公益上，緊急に不利益処分をする必要があるため，当該手続を執ることができないときは，意見陳述手続の適用が除外されている。
3. 行政庁は，許認可等を取り消す不利益処分をしようとするときは，当該不利益処分の名あて人となるべき者について，弁明の機会を付与しなければならず，弁明は，弁明を記載した 書面を提出してするものとする。
4. 行政庁は，不利益処分をする場合には，その名あて人に対し，処分後相当の期間内に，当該不利益処分の理由を示さなければならないが，不利益処分を書面でするときであっても，その理由は口頭によることができる。
5. 行政庁は，聴聞及び弁明の機会の付与を行うに当たって，当事者から不利益処分の原因となる事実を証する資料の閲覧を求められた場合，第三者の利害を害するおそれがあるときに限り，その閲覧を拒むことができる。

解答

1　妥当ではない。処分基準を定めることも，公にすることも努力義務です（法12条１項）。

2　妥当である。設問の場合には法13条１項１号ロの場合に当たるので聴聞が行われます。公益上，緊急に不利益処分をする必要があるための適用除外も法13条２項１号に規定されています。

3　妥当ではない。許認可等を取り消す不利益処分は重い不利益処分であり，聴聞の手続の対象です（法13条１項1号イ）。

4　妥当ではない。処分を書面でするときには不利益処分の理由も書面で示さなければなりません（法14条３項）。

5　妥当ではない。聴聞の場合には，当事者等は「不利益処分の原因となる事実を証する資料の閲覧を求めることができる」（法18条１項）とあります。ただ，この手続は弁明の機会には準用されていません（法31条）。「弁明の機会の付与を行うに当たって」の部分が誤りです。

正解２

4-4　国総 ★★★　国般 ★　地上 ★★　市役所 ★★

行政指導等

～指導，勧告，助言などお願いベースのアプローチ～

行政指導を行うのに特に法令の根拠は必要ありません。こうしたことから国民に無理な要求をしたり，不透明な形で利用されてきたりしました。行政手続法で行政指導を禁止することもできたはずですが，適正化した上でこれらを利用していくことにしました。

行政指導ってどんなものなの？

行政機関が行政目的を実現するために特定の者に「～してください」，「～しないでください」などと指導，勧告，助言などをすることが**行政指導**です。行政庁は行政指導をするにしても，自らの担当する事務の範囲しかできません。また，行政指導はお願いベースですから普通は行政処分ではありません。こうした性格から行政指導は法令の根拠を必要としないものとされています。

行政指導の根拠

法令に行政指導の根拠がある場合もあります。しかし，所掌事務の範囲であれば法令の根拠がなくてもできることをまずは基本として押さえましょう。

行政指導と行政処分との違い

行政指導		処分
不要（法令に根拠があるものもある）	法令の根拠	必要
従ってもいいし従わなくてもいい	相手方の態度	従わざる得ない（公定力）

ただ，行政指導を受けた国民からすると，いやしくも「役

所」からのお願いです。「従わなければならない」ような気になることでしょう。また，そうした国民の思いを逆手にとって，無理な行政指導をする公務員もいるものです。

ある市ではこんな事件が起こりました。学校の整備が追いつかないなどの理由からマンションの建設を抑制する目的で一定規模の宅地開発などを行う事業者に負担金を求めていました。行政指導として行っていたのです。ある業者がこれを拒否すると給水の申し込みを拒否しました。最高裁は「行政指導を継続する必要があったとしても，これを理由として事業主らとの給水契約の締結を留保することは許されない」（最決平元・11・8）としました。

こうしたことから，行政手続法32条１項では行政指導に携わる者は次の２つのことに留意しなければならないと規定しています。

①いやしくも当該行政機関の任務又は所掌事務の範囲を逸脱してはならない。
②行政指導の内容があくまでも相手方の任意の協力によってのみ実現されるものであること。

さらに，同条２項では，「相手方が行政指導に従わなかったことを理由として，不利益な取扱いをしてはならない」と規定しています。わざわざ規定してるところをみると，こうしたことは「行政指導あるある」だったのでしょう。

どんな行政指導が禁止されているの？

行政手続法では過去によく見られたひどい行政指導の事例を挙げて，それを禁止しています。

法33条では，**申請者が行政指導に従う意思がないのに行政指導を継続して申請者の権利行使を妨げることをしてはいけない**と規定しています。過去に問題となった，いわゆる「窓口指導」です。生活が成り立たなくなって，生活保護の申請に来た住民に「元気そうなんだからもう少し仕事を探してみたら」とか「もう一度，お兄さんに援助をお願いしてみたら」などと言いながら，申請の書類を渡さないということがあったようなのです。判例においても，建築反対運動があるマンションについて話し合いを求める行政指導をしていたこ

給水義務

水道法15条１項には，水道事業者（市）は，正当な理由がなければ給水契約の申し込みを拒んではならないと規定されています。

建築確認

工事に着手する前に建築物などが建築基準法令などに違反していないか確認することです。

最判昭60・7・16

最高裁は「確認処分を留保されたままでの行政指導にはもはや協力できないとの意思を真摯かつ明確に表明し，当該確認申請に対し直ちに応答すべきことを求めているものと認められるときには，（中略）それ以後の右行政指導を理由とする確認処分の留保は，違法となるものといわなければならない」と判示しています。

とを理由とする建築確認の留保を違法としています（最判昭60・7・16）。

さらに禁止されている行政指導を紹介しましょう。

時代劇を見ていると，悪代官が「悪いようにはせぬ」などといいながら，村人に無理やり要求を飲ませたり，自分に従わせようとする場面が出てきます。しかし，たいがいの場合，悪代官は何もしてくれないものです。もっといえば，最初から何もするつもりはないのに，ただ，自らの権限を利用して思うようにしているだけなのです。行政手続法ではこうした行政指導を禁止しています。

権限を行使することができないのに，又は権限を行使するつもりもないのに，ことさら権限を行使できることを示して行政指導に従わせるようなことはしてはいけないと規定しています（法34条）。

行政指導のやり方（方式）には決まりはあるの？

行政手続法は行政指導の方式についても定めています。まず，行政指導に携わる者は，相手方に対して，当該行政指導の①趣旨，②内容，③責任者を明確に示さなければなりません（法35条１項）。

行政手続法35条1項

35条１項に定める行政指導の方式は全ての行政指導に当てはまります。

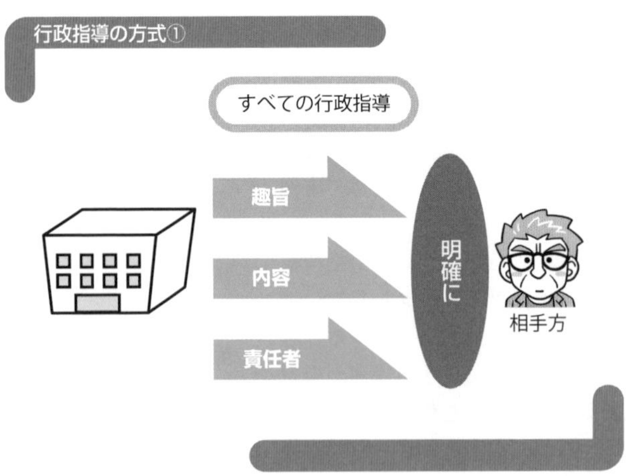

行政指導を行う者の地位や立場，その趣旨や目的などを相手に伝えることが重要だと意識されているからです。

また，許認可等の権限をチラつかせて（許認可等をする権限又は許認可等に基づく処分をする権限を行使し得る旨を示して）行政指導するときには，相手方に対して，次に掲げる事項を示さなければなりません（法35条２項）。

行政手続法35条2項

35条２項の場合は，許認可等の権限があり，行使することも念頭において行う行政指導の場合です。

① 権限を行使し得る根拠となる法令の条項
② ①の条項に規定する要件
③ 権限の行使が②の要件に適合する理由

行政というのは，法令違反に対して，いきなり改善命令を出したり，許可の取消しをしたり，罰則を適用したりすることはまれです。まずは，違反のおそれがある事実を伝えて改善を求めます。こうした際に利用されるのが行政指導です。そうした行政指導を適正化しようとするのが「狙い」なのです。

行政指導の適正化

要するに行政指導の必要性を認めた上でそのやり方を法律で明確にしようとしているわけです。

行政指導の際に，相手方に伝えるべき事項は必ずしも書面で行うことを求めていません。ただ，あとから本当に伝えたかどうか分からなくなってしまうこともあることから，行政指導を口頭で行う場合で，相手方から書面の交付を求められたときには，行政上特別の支障がない限り，その書面を交付しなければならないと規定しています（法35条３項）。ただ，そうであっても例外はあります。その場において完了する行為を求めるものやすでに文書やメールなどで相手に通知された内容と同様の内容を口頭で行政指導する場合には，求められても書面化する必要はありません。

その場において完了する行為

たとえば，災害時の避難勧告のようなものなどが当たります。

行政指導指針はすべての行政指導について定めないとダメなの？

たとえば一定の敷地以上の工場に，法令で定められた以上の緑地の設置をお願いしていたとします。その部分は工場側に義務はありませんから，お願いベースの行政指導ということになります。

ところが，いくらお願いベースであってもA工場に対する行政指導とB工場に対する行政指導が異なることは問題です。B工場への行政指導の方がより緩やかだったりすると，「B工場の社長の親戚には有力議員がいるらしい…」などと，うわさが立つかもしれません。うわさが広がれば，行政への信頼は失われます。こうしたことから，同じ目的で複数の者に行政指導をしようとするときには，あらかじめ**行政指導指針**を定め，行政上特別の支障がない限り，これを公表しなければならないとされています（法36条）。

「行政指導の中止等の求め」って何？

行政手続法には**行政指導の中止等の求め**（法36条の２）の規定があります。これは行政指導の相手方がその中止を求めるものです。申出書の提出によって行います。ただ，中止を求めるには，いくつかの要件をクリアしなくてはなりません。まず，行われた行政指導が「法令に違反する行為の是正を求める行政指導」でなければなりません。また，その根拠となる規定が法律に置かれているものに限られます。

そうした行政指導を受けた相手方が，法律に規定されている要件に合っていないのではないか…と思ったときには，行政指導をした行政機関に対し，その旨を申し出て，「行政指導の中止その他必要な措置をとることを求めることができる」のです。申出を受けた行政機関は，必要な調査を行い，その行政指導が法律の要件に適合しないと認めるときには，行政指導の中止その他必要な措置をとらなければなりません。なお，その行政指導が「相手方について弁明その他意見陳述のための手続を経てされたものであるときは」行政指導の中止等の求めをすることができません。

行政指導指針

「同一の行政目的を実現するため一定の条件に該当する複数の者に対し行政指導をしようとするときにこれらの行政指導に共通してその内容となるべき事項」を定めたものを行政指導指針といいます（法２条８号二）。たとえば，「△地域では，いずれの建築物も高さが○mを超えないように行政指導を行う」のように予め定めておくのです。

指導の中止その他必要な措置

行政指導に従わない者の氏名などを公表するといった規定がある場合には，その公表の中止も併せて求めることができるでしょう。

申出を受けた行政機関の義務

調査は必ずしなければなりませんが，問題がない場合には何ら措置をとらないこともあります。また，申出者に対する応答義務までは課せられていません。

「処分等の求め」って何？

「処分等の求め」は，平成26年改正で，行政指導の中止等の求めとともに，新たに加わったシステムです。法令違反の行為を見つけたときに，是正のための処分や行政指導を求めるものです。これが**処分等の求め**です。

やはり，申出書の提出によって行います。ただ，いくつか要件があります。まず，是正のために求める処分や行政指導はその根拠が法律に置かれているものでなければなりません。また，申出は権限を有する行政機関に行わなければなりません。ただ，この規定がすごいのは「何人も」できるとしている点です（法36条の3）。誰もができるというわけです。

申出を受けた行政機関は，必要な調査を行い，その結果に基づき必要があると認めるときは，処分又は行政指導をしなければなりません。

「4-4 行政指導等」のまとめ

- ▶行政指導は相手方に任意の協力を求めるものです。
- ▶行政手続法では，申請に関係する行政指導，許認可等の権限に関係する行政指導，それぞれについて，禁止されることがらが定められています。
- ▶同じ目的で複数の者に行政指導をしようとするときには，あらかじめ行政指導指針を定め，原則としてこれを公表しなければなりません。
- ▶行政手続法では，行政指導を行うに際しての明示事項も定めています。
- ▶平成26年改正で新たに「行政指導の中止等の求め」と「処分等の求め」の規定が加わりました。

問題12　行政指導　国家一般職

行政指導に関する次の記述のうち，妥当なのはどれか。

1．行政指導に携わる者は，当該行政指導をする際に，行政機関が許認可等をする権限又は許認可等に基づく処分をする権限を行使し得る旨を示すときは，その相手方に対して，当該権限を行使し得る根拠となる法令の条項を示せばよく，当該条項に規定する要件まで示す必要はない。
2．法令に違反する行為の是正を求める行政指導の根拠となる規定が法律に置かれている場合，当該行政指導の相手方は，当該行政指導が当該法律に規定する要件に適合しないと思料するときは，当該行政指導をした行政機関に対し，その旨を申し出て，当該行政指導の中止を求めることができる。また，当該申出を受けた行政機関は応答義務を負うと一般に解されている。
3．何人も，法令に違反する事実があり，その是正のためにされるべき行政指導がされていないと思料する場合は，当該行政指導の根拠となる規定が法律に置かれているときに限り，当該行政指導をする権限を有する行政機関に対し，その旨を申し出て，当該行政指導をすることを求めることができる。
4．同一の行政目的を実現するため一定の条件に該当する複数の者に対し行政指導をしようとするときに，これらの行政指導に共通してその内容となるべき事項を定めた行政指導指針は，原則として意見公募手続の対象とはならない。
5．行政指導は相手方の任意の協力によってのみ実現されるものであるから，行政指導に携わる者は，相手方に行政指導に応じるよう説得を重ねることは一切許されず，また，その相手方が行政指導に従わなかったことを理由として，不利益な取扱いをしてはならない。

解答

1．妥当ではない。当該条項に規定する要件まで示す必要があります（法35条2項2号）。
2．妥当ではない。申出者に対する応答義務までは求められていません（法36条の2第1項）。
3．妥当である（法36条の3第1項）。
4．妥当ではない。4-5で説明しますが，行政指導指針も意見公募手続の対象となっています（法2条8号，39条1項）。
5．妥当ではない。行政指導に応じるよう説得を重ねることも，常識の範囲内であれば，任意の協力を求める行為に含まれます。

正解3

問題13　行政指導の中止　国家一般職

行政手続法上の行政指導の中止等の求めに関する次の記述のうち，妥当なものはどれか。

1. 行政指導が当該法律に規定する要件に適合しないと思料するときは，第三者のためにも中止等の措置をとることを求めることができる。
2. 弁明その他意見陳述のための手続を経てなされた行政指導に対しても，中止等の措置を求めることができる。
3. 中止等の求めは，行政指導をした行政機関に対してだけでなく，総務省の行政不服審査会に対してもすることができる。
4. 中止等の求めは，口頭ですることもできる。
5. 行政機関は，中止等の求めがあったときは，必要な調査を行い，当該行政指導が当該法律に規定する要件に適合しないと認めるときは，当該行政指導の中止等の措置をとらなければならない。

解答

1　妥当ではない。行政指導の中止等の求めは，行政指導の相手方でなければ行うことができません（法36条の２第１項）。

2　妥当ではない。その行政指導が「相手方について弁明その他意見陳述のための手続を経てされたものであるときは」行政指導の中止等の求めをすることができません（法36条の２第１項）。

3　妥当ではない。行政指導の中止等の求めは，行政指導をした行政機関にするべきものとされています（法36条の２第１項）。

4　妥当ではない。行政指導の中止等の求めは，申出書の提出によって行います（法36条の２第２項）。

5　妥当である。法36条の２第３項。

正解５

4-5　国総 ★★★　国般 ★★★　地上 ★★　市役所 ★★★

意見公募手続等・届出に関する手続

～パブリックコメント手続など～

法律は国民の代表である国会が定めます。しかし，その内容の細かい部分を定める政省令などは政府（行政）が定めることができます。また，許認可や不利益処分に当たっての行政の裁量の基準などを政府が定めることが求められています。こうした行政限りで定められるルール（行政規則）についても国民の意見を取り入れようとするのが**意見公募手続**です。また，行政手続法には届出に関する手続について１条だけ条文を置いています。

意見公募手続が定められた理由は何？

意見公募手続が定められた趣旨は，法律に基づいて定められる行政規則が法律の趣旨を踏み外さないよう，その過程を国民の前に明らかにする意味があります。行政手続法38条１項にも**命令等制定機関**は「命令等を定めるに当たっては，当該命令等がこれを定める根拠となる法令の趣旨に適合するものとなるようにしなければならない」とあります。

命令等制定機関

閣議の決定により命令等が定められる場合には，その命令等の立案をする各大臣となります。たとえば，健康保険法施行令であれば政令（内閣が定める）であっても厚生労働大臣が命令等制定機関です。

意見公募手続の対象はどんなこと？

意見公募手続の対象となる「命令等」には，内閣や行政機関が定める，**①法律に基づく命令又は規則（政省令など）**，**②審査基準**，**③処分基準**，**④行政指導指針**があります。

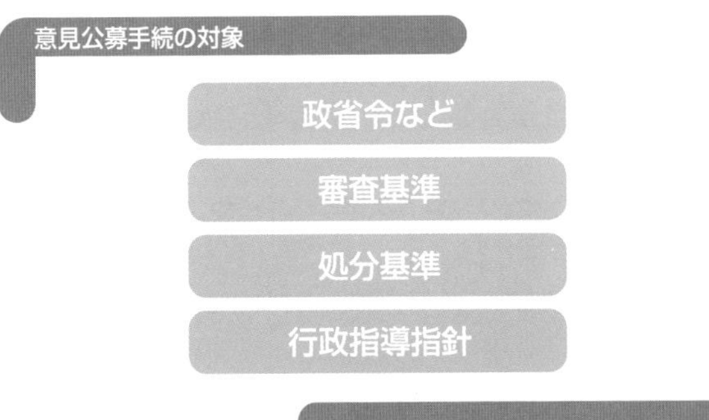

審査基準と処分基準

復習しておきます。審査基準は許認可をするかどうかの基準であり，処分基準は不利益処分をするか，するとしても，どのような不利益処分をするかの基準です。

意見公募手続は具体的にどんな手続なの？

意見公募手続は，まず，定めようとする命令等の案や関連する資料が示されます。何人もそれについて，意見を提出することができます。命令等制定機関はその意見を考慮して命令等を定めます。そして，意見をどう扱ったか，その理由も含めて結果を公示するのです。

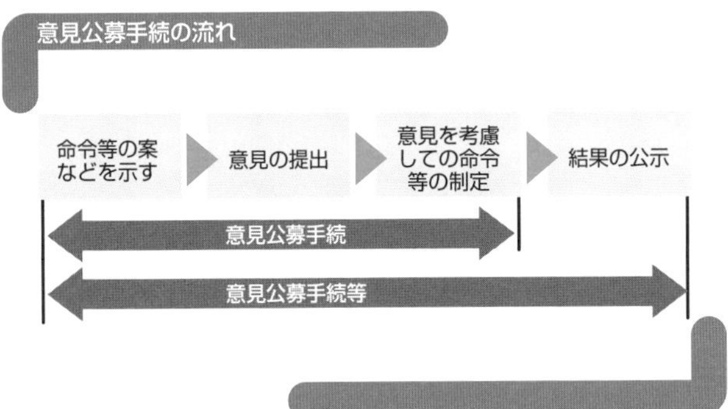

届出に関してはどんなことが定められているの？

届出に関しては1条だけしかありません。届出が法令に定められた形式上の要件に適合している場合は，**提出先とされている機関の事務所に到達したときに，届出の義務が履行されたものとされています**（法37条）。「受理できない」などと行政機関が届出を拒むことができないようにしたのです。

「4-5 意見公募手続等・届出に関する手続」のまとめ

▶命令等（政省令など，審査基準，処分基準及び行政指導指針）を定めるに当たって広く意見を聞く手続が意見公募手続です。

▶意見公募手続では，命令等の案だけではなく，関連する資料もあわせて公示され，意見が求められます。

▶要件を満たした届出は，行政機関の事務所に到達したときに義務が履行されたものとされます。

第5章

行政事件訴訟法

行政を訴える訴訟などのルール

この章では、行政事件訴訟のしくみや手続を学びます。裁判は大きく分けると民事訴訟と刑事訴訟に分かれます。民事訴訟のなかでも私人が行政を訴える訴訟を行政事件訴訟といいます。行政事件訴訟は民事訴訟法などをベースにしながらも，相手が行政機関であるという特殊な点があります。そのため，民事訴訟法などにプラスした特別な定めが必要となります。これが行政事件訴訟法なのです。

日本においては行政事件訴訟といえども，特別な裁判所は用意されていません。行政事件訴訟も通常の裁判所で扱われます。

5-1　国総 ★★★　国般 ★★★　地上 ★★　市役所 ★★

行政事件訴訟の類型
〜行政事件訴訟にはどんなものがあるのか〜

行政事件訴訟にはどんなものがあるのか，いくつかの類型に分けながら，その種類を見ていきましょう。

行政事件訴訟ってどんなものなの？

「私人が行政を訴える」。誤った処分などをされて困ってしまった者が裁判所に救済を求めるなどの場合が考えられます。行政により権利を侵害された者などに関する救済を定めた法律のことを**行政救済法**といいますが，**行政事件訴訟法**は行政救済法の一つということができます。

行政事件訴訟もある意味，民事訴訟の一つなので，一般に民事訴訟法などが適用されます。

裁判は民事訴訟と刑事訴訟とに大きく分かれます。訴訟の手続を定める法律も民事訴訟法と刑事訴訟法に分かれます。刑事訴訟というのは，罪を明らかにして刑罰を科すための裁判ですから，目的や手続において行政事件訴訟とは大きく異なります。そこで行政事件訴訟の手続は，民事訴訟をベースにしながら，足りない部分を行政事件訴訟法の規定で補うこととしました。行政事件訴訟法だけではなく，ある意味，水面下で民事訴訟法の規定も使われているというわけです。行政事件訴訟法７条に「行政事件訴訟に関し，この法律に定めがない事項については，民事訴訟の例による」とあるのはこうしたことを指しています。

民事訴訟は，対等な人どうしの訴訟です。しかし，行政事件訴訟では，相手が行政であることから，取消訴訟など特別な訴訟も定められています。民事訴訟法にはないメニューがあるという意味で，行政事件訴訟法は，民事訴訟のプレミアムメニューといえるかもしれません。

行政救済法

行政救済法という名前の法律はありません。行政によって権利を侵害された国民のための法律をまとめてそういうのです。行政事件訴訟法のほかに，行政不服審査法，国家賠償法があります。

例による

まとめて準用することを「例による」と表現します。

民事訴訟法

「水面下」の民事訴訟法については公務員試験では出題されません。ご安心を！

行訴法と民訴法との関係

行政事件訴訟法にはどんな訴訟類型があるの？

私人が行政を訴える行政事件訴訟でも，いくつかの類型に分かれ，それぞれの類型に必要な規定が置かれています。

まずは，**抗告訴訟**です。「行政庁の公権力の行使に関する不服の訴訟」がそうです（法３条１項）。なんといっても取消訴訟が中心になります。公務員試験で最も出題の多い分野です。抗告訴訟には，取消訴訟のほかに，無効等確認訴訟，不作為違法確認訴訟，義務付け訴訟，差止め訴訟があります。今の時点で詳しく説明すると「分からないハラスメント」を起こすことになりますので，ここでは名前を列記するのにとどめておきます。

取消訴訟

「処分の取消訴訟」と「裁決の取消訴訟」とを合わせて取消訴訟といいます。また，条文上は「取消しの訴え」となっていますが，テキストや公務員試験では「取消訴訟」と表現されることが多いです。

抗告訴訟のほかの類型としては，**当事者訴訟**があります。中途半端に説明するとかえって分からなくなるので，ここでは説明はしません（のちほど５－７で詳しく説明します）。ほかに，**民衆訴訟**と**機関訴訟**があります。民衆訴訟は地方公共団体のお金の使われ方がおかしいとか，選挙のやり方がおかしいと住民など（民衆）が訴えるものです。自分の利益の救済のためというよりも，行政が適正になるように求める訴訟といえます。機関訴訟は，国や地方公共団体の機関どうしの争いです。

当事者訴訟

当事者訴訟には「実質的当事者訴訟」と「形式的当事者訴訟」があります。

主観訴訟と客観訴訟という分類もあると聞いたけれど…

「あいつの代わりに俺が訴えてやる！」。いくら親しい間柄でもこうしたことはできません。裁判というのは，権利義務に関するトラブルがあり，そのトラブルが法律を適用することで解決できる場合に行われるものです。訴えることができるのは，もちろん，自らが権利義務に関するトラブルを抱えている者です。「あいつの代わりに…」と訴えても却下されるだけです。「自らが抱える問題」を解決するための訴訟を**主観訴訟**といいます。権利を守る仕組みが裁判なのですから，普通，裁判は主観訴訟ということになります。

しかし，行政事件訴訟には主観訴訟ではないものもあります。民衆訴訟や機関訴訟がそうです。一人ひとりの権利を守るというよりも，「法や法に基づくシステムが適正に働く」ことを守ろうとしています。個人の権利を直接守るものではないこうした訴訟を**客観訴訟**といいます。

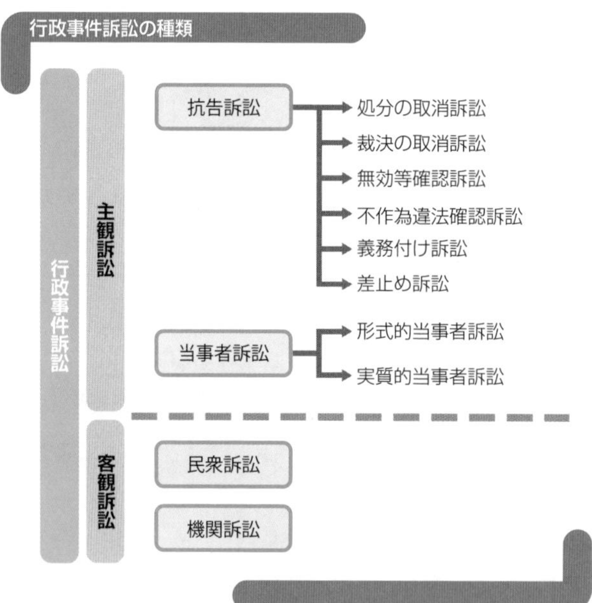

客観訴訟は本来的な訴訟ではないので，法律で定めた場合にだけ，法律に定めた者だけが起こすことができます。行政事件訴訟では，抗告訴訟と当事者訴訟が主観訴訟であり，機関訴訟と民衆訴訟は客観訴訟です。

却下

内容まで審理されないで訴えが退けられることです。「門前払い判決」と表現されることもあります。

客観訴訟

本来的な裁判ではない客観訴訟を定めていることが行政事件訴訟法の特徴の一つになっています。

条文に規定している以外の抗告訴訟は認められないの？

行政事件訴訟法の条文に名前が挙がっている抗告訴訟のことを**法定抗告訴訟**といいます。抗告訴訟はこれだけしか認められないのかといえば，そうではありません。法に規定がない訴訟も裁判で認められる可能性があります。こうした抗告訴訟を**無名**（むめい）**抗告訴訟**とか，法定外抗告訴訟といいます。

義務付け訴訟や差止め訴訟は平成16年改正により条文上，抗告訴訟に加えられた訴訟です。しかし，それまでは無名抗告訴訟として判例や学説である程度，認められていた存在でした。

行政事件訴訟法は昭和37年（1962年）に施行された法律ですが，平成16年（2004年）まで40年以上も本格的な改正がありませんでした。そのため，無名抗告訴訟として判例や学説を根拠にするしかなかったのです。

無名抗告訴訟

行政事件訴訟法の条文に名前がないのでこう呼ばれています。

「5-1 行政事件訴訟の類型」のまとめ

▶行政事件訴訟は民事訴訟の特別版です。

▶行政事件訴訟はまず大きく４つに分類できます。抗告訴訟，当事者訴訟，民衆訴訟，機関訴訟です。

▶抗告訴訟と当事者訴訟は主観訴訟ですが，民衆訴訟と機関訴訟は客観訴訟です。

5-2　国総 ★★★　国般 ★★★　地上 ★★　市役所 ★★

取消訴訟とは
～処分や裁決の取消を求める～

公務員試験に頻出の取消訴訟です。まずは，その取消訴訟がどんな役割を果たし，どんな場合に起こすことができるのか，その辺りから考えてみましょう。

取消訴訟というのはどんな訴訟なの？

取消訴訟には，**処分の取消訴訟**と**裁決の取消訴訟**があります。もし，あなたが違法な処分をされたと思ったら，どうしますか？　行政処分（行政行為）というのは，公定力があるので，たとえ違法であっても裁判所に取り消されるなどするまでは効力を持ち続けます。取消訴訟はこの公定力からの脱出口なのです。

まず，行政庁に不服申立て（**審査請求**）をして，処分の見直しなどを期待するという方法があります。ところがその結果（**裁決**）が，満足できるものでなければ裁判所に取消訴訟を起こすことができます。その場合，「もとの処分がおかしいよ！」ともとの処分の取消しを求めてもいいし，「裁決がおかしいよ！」と裁決の取消しを求めることもできます。

また，そもそも不服申立てをしないで，裁判所に駆け込み取消訴訟を求めることもできます。

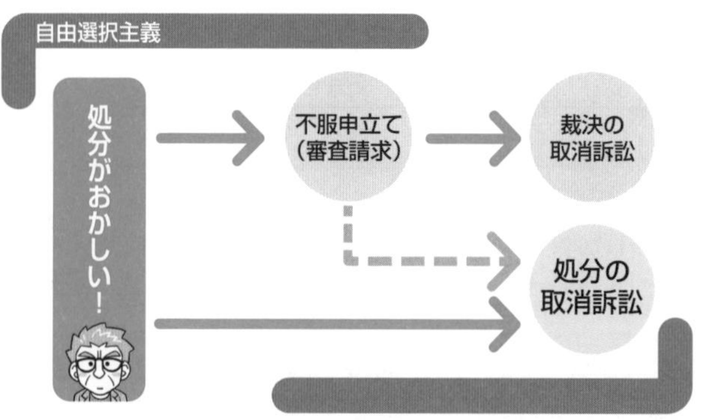

公定力

行政行為の効力の一つ。たとえ違法な行政行為であっても権限ある機関に取り消されるまでは有効とされる効力。

審査請求

行政不服審査法に基づく審査請求です。行政不服審査法は第6章で扱います。

原処分主義という言葉を聞いたけれど，何？

行政事件訴訟法10条２項では**原処分主義**を定めています。原処分主義というのは，原処分の違法を主張したいのなら原処分の取消訴訟を起こして，そのなかで主張しなさいということです。審査請求をしようが，取消訴訟を起こそうが，基本的に自由です（これを**自由選択主義**といいます)。審査請求をしても不満だった場合には，裁決の取消訴訟と，処分の取消訴訟を起こせるわけです。

こうしたときに，わざわざ，裁決の取消訴訟を起こして，その訴訟のなかで「そもそも，もとの処分がおかしかったんだ」と主張するのはルール違反とされています。これが原処分主義の正体です。主張が混乱して裁判所も困ってしまいます。そこで主張の交通整理が必要です。「もともとの処分がおかしい」と主張したいのなら，裁決の取消訴訟ではなく，原処分の取消訴訟を起こさなければならないのです。

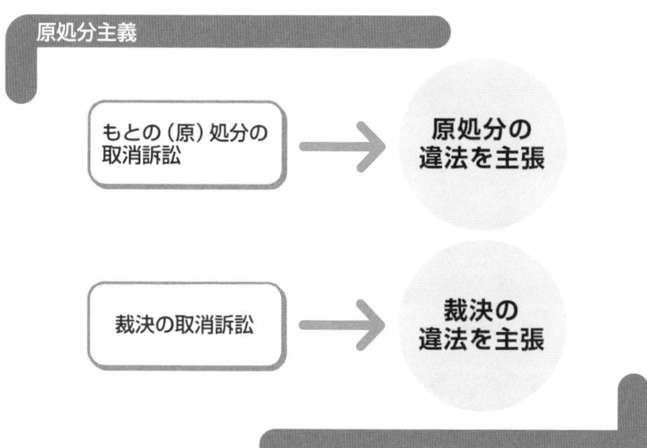

取消訴訟の流れはどんな感じになっているの？

これは取消訴訟だけではなく，訴訟一般に当てはまることですが，まず，訴訟が要件を満たしたものかどうかが審査されます。たとえば，申請書に住所や名前の欄があるのに，書かずに出すと，突き返されますが，それと似ています。裁判

訴訟要件

裁判所に内容を審査してもらうために備えておかなければならない要件を訴訟要件といいます。

第5章　行政事件訴訟法

所のこうした審査を**要件審査**といいます。要件を満たしていない訴えは**却下判決**となります。

要件を満たした訴えは内容面での審理に移ります。これを**本案審理**といいます。

一般概括主義という言葉をテキストで見たけど，何？

一般概括主義というのは，取消訴訟をすることができる処分を限定せずに，一般的にすべての処分が対象となるということです。反対に，取消訴訟できる処分を法律に列挙しているものに限定しているのが**限定列挙主義**です。現在の行政事件訴訟法は取消訴訟することができる処分について，一般概括主義をとっています。

一般概括主義

言葉を覚えるより，言葉の意味を理解することが重要です。

「5-2 取消訴訟とは」のまとめ

▶取消訴訟には，処分の取消訴訟と裁決の取消訴訟があります。

▶行政処分に問題があると感じたときには，原則として，不服申立て（審査請求）を行うこともできますし，取消訴訟を起こすこともできます（自由選択主義）。

▶原処分の違法を主張したいなら，裁決の取消訴訟ではなく，原処分の取消訴訟を起こして，そのなかで主張しなければなりません（原処分主義）。

▶取消訴訟も含めて，訴訟は要件審査を経たあとに，本案審理に進みます。

5-3　国総 ★★★　国般 ★★★　地上 ★★　市役所 ★★

取消訴訟の要件 1
～処分性・原告適格・訴えの利益～

行政事件訴訟法は，誤った処分などをされた国民を守るための法律ですが，評判があまりよくありません。訴訟要件の壁が険しくて，多くの訴えが却下されてきた歴史があるからです。平成16年の改正は，少しでもこのことを改善しようとするものでした。こうしたことを踏まえて，訴訟要件の内容を見ていくことにしましょう。

訴訟要件にはどんなものがあるの？

訴訟要件には以下のようなものがありますが，まずは，代表的な訴訟要件として，処分性，原告適格，訴えの利益をみていきましょう。

訴訟要件

処分性	行政処分や裁決が存在するのか
原告適格	原告として訴訟を起こす資格があるのか
訴えの利益	訴えを起こすメリットはあるのか
被告適格	正しい相手を訴えているのか
訴訟管轄	正しい裁判所に訴えているのか
出訴期間	裁判を起こすことができる期間内になされた訴訟なのか
審査請求前置	先に審査請求を経るべき訴訟ではないのか

処分性が求められるというのはどういうこと？

取消訴訟には，裁決の取消訴訟と処分の取消訴訟があります。これはすでにお話ししました。裁決はいいのですが，行

その他の訴訟要件

被告適格，訴訟管轄，出訴期間，審査請求前置については，5-4で触れます。

政庁の行為のうち，どんな行為について取消訴訟を起こすことができるかということが問題となります。法３条２項では「行政庁の処分その他公権力の行使に当たる行為」について処分の取消訴訟を起こすことができるとしています。行政庁の行為がこれに当たるかどうかの問題が**処分性**の問題です。

処分性がある行為，言い換えると「行政処分≒行政行為」だけを取消訴訟の対象としたのには理由があります。処分性のある行為は，国民にとって，「押し付けられて，しかも，しかるべき機関による取消しがないと効果を持ち続ける行為」（公定力がある行為）であり，そうした行為の脱出口を設ける必要性があったのです。それが取消訴訟です。

処分性があるかどうかについては，いくつかの判例を通じて明らかになっています。処分性判定のポイントはこうした判例に書かれています。

その他公権力の行使に当たる行為

法律効果を発生させない行為（事実行為）でも継続的に行われるものはこれに含まれます。これは行政不服審査法の場合と同じです。

脱出口

審査請求も処分の取消しにつながりますが，行政内部の見直しなので，取消訴訟の方が公定力からの脱出口と評価できます。

処分性のポイントが分かる判例を教えて！

・内部行為

まず，行政の行為が内部行為に過ぎないのではないかということが問題になった判例があります。行政内部の行為なら処分性はないはずです。次の花火工場の再築についての事件では，消防長の同意が内部行為に過ぎないとされました。

内部行為ではないかと問題なった事例
（最判昭 34・1・29）

花火工場の再築には知事の許可が必要です。ただ，知事が許可を出すに当たって消防長の同意を得るよう消防法は定めています。消防長はいったん同意した花火工場の再築について同意を取り消しました。花火の製造事業者は消防長の取消しの取消しを求めて訴訟を起こしました。

この事件で，最高裁は「消防長の同意は，知事に対する行政機関相互間の行為であつて，これにより対国民との直接の関係においてその権利義務を形成し又はその範囲を確定する行為とは認められない」として，取消訴訟の対象である処分

内部行為

行政処分は国民などになされるものなので，内部行為にされるものだとしたら処分性はないということになります。内部行為は「国民との直接の関係においてその権利義務を形成し又はその範囲を確定する行為とは認められない」（最判昭34・1・29）という意味で行政処分とはならないのです。

消防長

消防本部の長のことです。

ではなく内部行為に過ぎないとしたのです。

また，東京都がすでに買収していた土地にごみ焼却場を設置しようと議会に計画案を提出し，議会で認められた案に従い建設業者と請負契約を結んだ行為について，処分性がないとした判例（最判昭 39・10・29）があります。用地の買収や都と建設会社とのごみ処理場の建築請負契約は普通の契約であるし，設置計画の策定や議会への計画案の提出は行政の内部行為であるとしたのです。

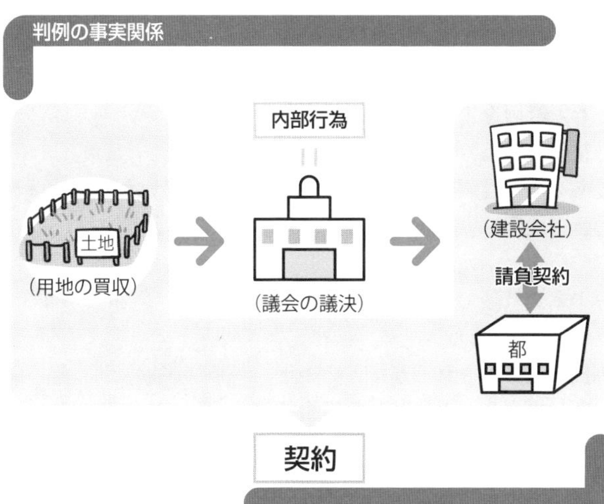

最判昭39・10・29

判例（最判昭39・10・29）は，行政庁の処分を「公権力の主体たる国または公共団体が行う行為のうち，その行為によつて，直接国民の権利義務を形成しまたはその範囲を確定することが法律上認められているもの」と示しました。その上で，「本件ごみ焼却場は，被上告人都がさきに私人から買収した都所有の土地の上に，私人との間に対等の立場に立つて締結した私法上の契約により設置されたものであるというのであり，原判決が被上告人都において本件ごみ焼却場の設置を計画し，その計画案を都議会に提出した行為は被上告人都自身の内部的手続行為に止まると解するのが相当であるとした判断は，是認できる」として，一連の行為の処分性を否定したのです。

・行政指導

行政指導はお願いベースのものです。処分と違い国民の側から断れます。そのため，行政指導は処分性がないものとされています。ところが形の上では行政指導ですが，処分性がある（取消訴訟の対象とすることができる）とされた事例も存在します。

行政指導が問題となった事例（最判平 17・7・15）

ある人が医療法に基づき知事に病院の開設の許可を申請しました。知事が医療法に基づきその人に病院開設中止の勧告を行いました。勧告に従わず申請を続けると病院開設は許可されたものの，当時の厚生省の通知に従い，保険医療機関としての指定は拒否するとの文書が送られてきました。そこで中止勧告などの取消しを裁判所に訴えました。

勧告

相手方に一定の行為をするよう，又はしないよう求めること。助言，勧告，指導はいずれも行政指導の種類の一つです。

最高裁は「勧告を受けた者に対し，これに従わない場合には，相当程度の確実さをもって，病院を開設しても保険医療機関の指定を受けることができなくなるという結果をもたらすものということができる」と述べて，この行政指導に処分性を認めています。保険医療機関でないと，医療費が全額自己負担となり，「実際上病院の開設自体を断念せざるを得ないことになる」からです。

保険医療機関

健康保険や国民健康保険などが使える医療機関のこと。

 行政計画の決定に処分性はあるの？

○○計画，行政はよくそうした計画を定めて行政を推進します。計画に基づいて，その後，行政処分が行われても，取消対象となるのはその処分であって，計画の決定ではないとされています。というのは計画の決定は青写真に過ぎないからです。ある意味，中間段階の行為といえるわけです。

しかし，土地区画整理事業の事業計画の決定について，処分性を求めた判例（最大判平 20・9・10）があります。

事業計画が決定されると，換地処分がされるまで，その土地がさまざまな形で利用制限されますし，土地区画整理事業は順番に施行されていくので，自分の土地の換地処分がされた段階で取消訴訟を起こしても，事情判決になってしまう可能性があるからです。すべての行政計画の決定に処分性が認められるわけではありませんが，土地区画整理事業の事業計画の決定についてはこうした理由から処分性を認め，取消訴訟を起こすことができるとしたのです。

青写真に過ぎない

「青写真を描く」という言葉もありますが，「青写真」というのは，実現するかどうか不明の将来像という意味です。

換地処分

「かんちしょぶん」と読みます。これまでの土地の代わりに，別の土地と割り当てる処分のことです。

事情判決

一定の事情から主張を認めながらも棄却する判決のこと。5-5で詳しく説明します。

 条例の制定の処分性はどうなの？

法律や条例の制定は，基本的に処分性はありません。法律や条例が制定されることで権利を制限されたり，義務を課されたりすることはたしかにありますが，誰かを狙い撃ちにして行われるものではなく，国民（その地方公共団体の住民）のすべてが制限されることになるからです。

しかし，例外的な場合として条例の制定行為そのものに処分性があるとされた例があります。

計画決定の処分性

第二種市街地再開発事業計画の決定も処分性があるとした判例（最判平４・11・26）があります。試験との関係でいえば，第二種～計画がどんなものかは知る必要がありません。決定について処分性が認められた計画として，土地区画整理事業の事業計画と第二種～計画があると覚えておけば十分です。

条例の制定の処分性が問題となった事件
（最判平 21・11・26）

ある市が保育所４つを民営化しようと，保育所条例の改正案を議会に提出しました。改正案は成立し，条例から４つの保育所の名前が削られました。４つの保育所は社会福祉法人に引き継がれることになりましたが，廃止された保育所の園児の保護者が「選択した保育所において保育を受ける権利を違法に侵害するものである」と主張して，条例制定行為の取消しなどを求めました。

保育所条例

保育所は地方自法では「公の施設」の一つです。公の施設の設置や管理に関することは条例によらなければなりません。

この判決では「入所中の児童及びその保護者という限られた特定の者らに対して，直接，当該保育所において保育を受けることを期待し得る上記の法的地位を奪う結果を生じさせるものであるから，その制定行為は，行政庁の処分と実質的に同視し得るものということができる」として，条例制定行為に処分性を認めました。

処分性が認められた事例

	原則	例外的に処分性が認められた事例
行政計画の決定	処分性は認められない	・土地区画整理事業の事業計画の決定 ・第二種市街地再開発事業計画の決定
行政指導		医療法に基づく病院開設中止の勧告
条例の制定		保育所の名称を削除した保育所条例の改正

原告適格について条文ではどう書いているの？

原告として訴訟を起こす資格があるかどうかの問題が**原告適格**です。法９条には「取消しを求めるにつき法律上の利益を有する者」に限り訴えを起こすことができると書かれています。

処分の相手方はまずこれに当たることは問題ありません。

そうでない者，いわゆる第三者については，判断が難しい場合があります。たとえば，質屋を開くには，都道府県の公

第三者の原告適格

法令用語で第三者という場合「関係ない人」という意味ではなく，当事者以外の者という意味になります。利害関係のある第三者がいるため，第三者の原告適格が問題となります。

安委員会の許可をとらないといけないのですが，近くで質屋を営業している者が「こんな近くにもう一軒できたら商売にならない！」と許可の取消訴訟を起こすことができるでしょうか。たしかに，利害関係があるといえばあるといえます。答えをいうと，この場合，周辺の質屋に原告適格を認めませんでした（最判昭 34・8・18）（無効確認訴訟についてですが原告適格の問題としては同じです）。

ところが，公衆浴場（銭湯）の営業許可について，近所の同業者の原告適格を認めています（最判昭 37・1・19）。それはなぜか，公衆浴場法において，「隣の銭湯とは少なくとも350mは離れていなければなりません」などと都道府県条例で適正配置基準を定めることができるようなしくみになっているからです。

裁判所は「取消しを求めるについて法律上の利益を有する者」について，根拠条文を重視した解釈をしてきました。

たとえば，食品の業界団体の表示のルールを公正競争規約として認定したのですが，その表示のルールが不十分だと不服申立てした消費者団体について，原告適格を認めませんでした（不服申立てでも原告適格の問題は同じです）。その名の通り，公正競争規約は企業間の公平な競争のためのルールであり，当時の法律には消費者の利益を守るという目的が書かれていなかったためです。消費者の利益は「反射的な利益ないし事実上の利益」に過ぎないとされました（ジュース表示事件　最判昭 53・3・14）。こうしたこれまでの判例の立場を**法律上保護された利益説**といいます。ところが，それではあまりにも狭いことを裁判所も反省し，「保護に値するかどうか」という視点で原告適格を判断するようになってきています。これを**法的保護に値する利益説**といいます。

適正配置基準

隣の同業者と一定の距離を置いて営業しなければならないということで「距離制限」などといわれることもあります。

法律上保護された利益説

「法律上の利益を有する者」を条文の文言からストレートに保護対象であると分かるような場合だけに限定する考え方です。

「法律上の利益を有する者」の考え方

法的保護に値する利益

法律上保護された利益

その後，特に，国民の生命や身体に関わることについては，少しは広く原告適格を認めるようになりました。

たとえば，**新潟空港訴訟**（最判平元・2・17）では，発着路線の免許の取消しについて，周辺住民の原告適格を認めました。「航空機の騒音によって社会通念上著しい障害を受けることとなる者は，当該免許の取消しを求めるにつき法律上の利益を有する」としたのです。

また，**高速増殖炉もんじゅ訴訟**（最判平4・9・22）では，原子炉の安全性に関する基準などは原子炉の事故などがもたらす災害による被害の性質も考慮して定められたものであるとして，原子炉の事故がもたらす災害により直接的かつ重大な被害を受けることが想定される範囲に住む住民について，原告適格を認めています。

ほかにも，急傾斜地の開発許可について，がけ崩れ等により直接的な被害を受けることが予想される範囲の地域に居住する者に許可取消しの原告適格を認めています（最判平9・1・28）。

航空機の騒音

航空法は「航空機の航行に起因する障害の防止を図ることをその直接の目的の1つとしている」ことから，原告適格が認められたのです。

平成16年改正で原告適格を広く認める法改正がされたの？

少しずつ原告適格を広めに解釈するという流れをとめないように，平成16年改正では法9条2項を新設して原告適格を広めに解釈するよう裁判所に求めています。

そこでは，法令の文言だけではなく，法令の趣旨や目的，処分に考慮すべき利益の内容や性質まで考慮した上で，法律上の利益があるかないか判断するよう求めています。

たとえば，原子炉の設置許可は，原子炉として正しく機能するという視点だけでなく，当然，原子炉の事故を予防し，住民の生命・健康を守るという視点で行われているわけですから，一定の周辺住民は設置許可の取消しを求めるに当たって法律上の利益があるといえます。

小田急高架訴訟（最大判平17・12・7）では，小田急線の一部の立体交差化する内容の都市計画事業認可について，「騒音，振動等によって健康又は生活環境に係る著しい被害を直接的に受けるおそれのある個々の住民」に対して原告適格を認めています。平成11年の同様の訴訟（最判平11・

判例の変化

同じ都市計画事業についての判例の変化に注目です。

11・25）では，都市計画事業の地域内に不動産の権利を持っていない者の原告適格を否定していますので，対象が広かったのは法改正のご利益なのかもしれません。

原告適格が認められなかった判例についても教えて！

先ほど紹介した（ジュース表示事件　最判昭 53・3・14）のほかにもいくつかありますので紹介しましょう。鉄道料金の改定に関する認可について，鉄道利用者に原告適格を認めなかった判例（最判平元・4・13）があります。遺跡の史跡解除処分について，研究者に原告適格を認めなかった例（最判平元・6・20）もあります。

原告適格が認められたもの，認められなかったものの判例をまとめると？

これまで紹介した判例を表にしてまとめてみますね。

原告適格に関する判例

原告適格が認められたもの	原告適格が認められなかったもの
公衆浴場の営業許可の無効確認訴訟についての周辺同業者の原告適格（最判昭 37・1・19）	質屋営業の許可の無効確認訴訟についての周辺同業者の原告適格（最判昭 34・8・18）
発着路線の免許の取消しについての周辺住民の原告適格（新潟空港訴訟　最判平元・2・17）	ジュースの食品表示（公正取引委員会による公正競争規約の認定）をめぐって消費者の不服申立ての原告適格（ジュース表示事件　最判昭 53・3・14）
原子炉設置許可の無効確認訴訟について，原子炉の事故がもたらす災害により直接的かつ重大な被害を受けることが想定される範囲に住む住民について，原告適格を認めた（高速増殖炉もんじゅ訴訟　最判平 4・9・22）	鉄道料金の改定に関する認可についての鉄道利用者の原告適格（最判平元・4・13）
がけ崩れ等により直接的な被害を受けることが予想される範囲の地域に居住する者に開発許可取消しの原告適格を認めた（最判平 9・1・28）	遺跡の史跡解除処分についての研究者の原告適格（最判平元・6・20）
都市計画事業認可の取消訴訟について，騒音，振動等によって健康又は生活環境に係る著しい被害を直接的	

認められたもの・認められなかったもの

古い判例はともかく，平成以降の判例は「法的保護に値する利益説」に近い考えをとっています。「法律上の利益を有する者」と認められるためには，生命，身体の安全にかかわるかどうかという要素がポイントといえそうです。

に受けるおそれにある個々の住民に原告適格を認めた（小田急高架訴訟最大判平 17・12・7）

「訴えの利益」について詳しく教えて！

訴えの利益というのは，「訴えを起こすメリットはあるの？」ということです。たとえ，処分性や原告適格が認められても，訴えの利益が認められなければ訴訟要件を満たしたことにはなりません。

訴えの利益というのはこんなことです。ある市の施設の利用許可を申請したところが，不許可になったとします。納得がいかないので不許可処分の取消訴訟を起こそうと思ったら，利用許可を求めた日を過ぎてしまっていた。このような場合，過去の日付の利用許可を出すことなどナンセンスですから，利用しようと考えていた日時を過ぎた時点で訴えの利益は失われたことになります。

判例（最判昭 59・10・26）でも，建築確認の取消訴訟について，その建築工事が完了すれば訴えの利益が失われるとしたものがあります。工事が完了したのなら，できあがった建築物そのものを建築基準などに適合しているかどうかを判断すべきだからです。

建築確認

工事に着手される前に建築計画が建築関係の法規に適合しているか公に判断すること。

訴えの利益が認められた判例もあるの？

訴えの利益が認められた判例ももちろんあります。古い判例（最大判昭 40・4・28）ですが，懲戒免職処分の取消訴訟を起こしていた人が裁判中に市議会議員に立候補したという事件がありました。この件では，公職に立候補した場合には公務員の地位を失うとされた公職選挙法の規定が問題となりましたが，裁判所は訴えの利益を認めました。違法な処分として取り消されても公務員としての地位を回復するわけではありませんが，懲戒処分から立候補までの俸給（基本給）の請求権などを手にすることができるので訴えの利益があるとしたのです。

公職

「公職」とは，衆議院議員，参議院議員並びに地方公共団体の議会の議員及び長の職をいう（公職選挙法3条）。

立候補のための退職

公職選挙法90条では，公職の候補者となったときは，その届出の日にその公務員たることを辞したものとみなすと規定しています。

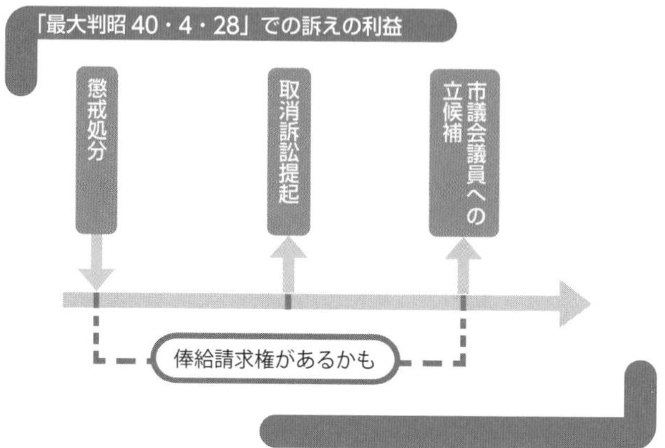

また，自動車免許の更新の際に優良運転者として更新されなかった者が一般運転者としての更新処分の取消しについて訴えの利益を認めた判例（最判平 21・2・27）もあります。優良運転者には更新手続きについて優遇措置をとっているのですが，これを法律上の地位として認めたのです。

免許停止処分の訴えの利益

自動車の運転免許停止処分については，１年間無違反，無処分で過ごした場合には，違反の前歴は消えるものであるから，処分から１年を経過した日の翌日以降，訴えの利益はないとされました（最判昭 55・11・25）。

訴えの利益については条文上，どう表現されている？

話の順序が逆になってしまいましたが，訴えの利益について条文上，どう表現されているか見てみましょう。法９条１項にはこんな表現があります。条文の太字部分がそうです。

（原告適格）

第９条　処分の取消しの訴え及び裁決の取消しの訴え（以下「取消訴訟」という。）は，当該処分又は裁決の取消しを求めるにつき法律上の利益を有する者**（処分又は裁決の効果が期間の経過その他の理由によりなくなつた後においてもなお処分又は裁決の取消しによつて回復すべき法律上の利益を有する者を含む。）**に限り，提起することができる。

２　略

簡単にいえば，期間などが経過しても，なお法律上の利益を有している状態を「訴えの利益」があると呼んでいるのです。

「狭義の訴えの利益」って何？

テキストなどを見ていると，「狭義の（狭い意味での）訴えの利益」という表現があります。ややこしい話ですが，これはこれまでお話しした「訴えの利益」のことを指しています。法９条１項でいえば「処分又は裁決の効果が期間の経過その他の理由によりなくなつた後においてもなお処分又は裁決の取消しによつて回復すべき法律上の利益を有する」の部分です。

この部分も含めて，原告適格のことを「広義の訴えの利益」と呼ぶ場合があり，「狭義の訴えの利益」・「広義の訴えの利益」と表現しているのです。

「5-3 取消訴訟の要件 1」のまとめ

▶取消訴訟の要件のうち，処分性，原告適格，訴えの利益は特に重要で，これらの意味を明らかにした判例もたくさんあります。
▶行政庁の行為が「行政庁の処分その他公権力の行使に当たる行為」かどうかの問題が処分性の問題です。
▶行政指導や行政計画や条例制定は一般的には処分性は認められませんが，一定の事情の下で処分性が認められたものがあります。
▶「取消しを求めるについて法律上の利益を有する者」かどうかが原告適格の問題です。
▶原告適格については，以前の判例は法律上保護された利益説により判断していましたが，だんだんと法的保護に値する利益説に近い判断をするようになっています。
▶取消訴訟を起こす実益があるかどうかが訴えの利益の問題です。

問題14　原告適格　国家専門職

原告適格に関するア～エの記述のうち，判例に照らし，妥当なもののみをすべ

て挙げているのはどれか。

ア 公衆浴場法が公衆浴場の経営に関して許可制を採用し距離制限規定を設けたのは，主として「国民保健及び環境衛生」という公共の福祉の見地から出たものであって，適正な許可制度の運用によって保護されるべき業者の営業上の利益は，単なる事実上の反射的利益にすぎないから，既存の公衆浴場営業者は第三者に対する公衆浴場営業許可処分の無効確認訴訟における原告適格を有しない。

イ 原子炉設置許可処分の無効確認訴訟において，設置許可申請に係る原子炉の周辺に居住する住民につき，その居住する地域が原子炉事故等による災害により直接的かつ重大な被害を受けるものと想定される地域であるか否かについては，当該原子炉の種類，構造，規模等の当該原子炉に関する具体的な諸条件を考慮に入れた上で，当該住民の居住する地域と原子炉の位置との距離関係を中心として，社会通念に照らし，合理的に判断すべきである。

ウ 新たに付与された定期航空運送事業免許に係る路線の使用飛行場の周辺に居住し，当該免許にかかる事業が行われる結果，当該飛行場を使用する各種航空機の騒音の程度，当該飛行場の一日の離着陸回数，離着陸の時間帯等からして，当該免許にかかる路線を航行する航空機の騒音によって社会通念上著しい障害を受けることとなる者は，当該免許の取消しを求めるにつき法律上の利益を有する者として，その取消訴訟における原告適格を有する。

エ 文化財の価値は学術研究者の調査研究によって明らかにされるものであり，その保存・活用のためには学術研究者の協力を得ることが不可欠であることから，文化財保護法及び県文化財保護条例は，文化財の学術研究者の学問研究上の利益の保護について特段の配慮をしており，学術研究者は，同法及び同条例に基づく史跡指定解除処分の取消訴訟における原告適格を有する。

1 ア　　2 イ　　3 ウ　　4 ア，エ　　5 イ，ウ

解答

ア 妥当ではない。公衆浴場法により保護されるべき法律上の利益と判断され，原告適格が認められました（最判昭 37・1・19)。

イ 妥当である。判例（最判平4・9・22）のとおりです。

ウ 妥当である。判例（最判平元・2・17）のとおりです。

エ 妥当ではない。学術研究者には原告適格は認められませんでした（最判平元・6・20)。

以上から，妥当なものは**イ**と**ウ**であり，正解は**5**となります。

正解　5

5-4　国総 ★★★　国般 ★★★　地上 ★★　市役所 ★★

取消訴訟の要件２

～その他の取消訴訟の要件～

処分性，原告適格，訴えの利益以外の訴訟要件を見ていきましょう。どれもそれほど複雑ではありません。「被告適格」，「訴訟管轄」，「出訴期間」，「審査請求前置」がそれです。こうしたものを満たしていないとやはり，訴えは却下されます。

取消訴訟は誰を訴えるの？（被告適格）

正しい相手を訴えなくてはやはり訴訟は却下されます。これが**被告適格**の問題です。シンプルにいえば，処分や裁決をした行政庁が国や公共団体に属している場合には，被告は国やその地方公共団体になります（行政事件訴訟法11条１項）。

処分や裁決をした行政庁が国や公共団体に属していない場合には，その行政庁が被告となります（同条２項）。少しイメージしにくいですが，独立行政法人などが処分を行う権限を与えられている場合には，行政庁として被告となるのです。たとえば，弁護士に対する懲戒処分は所属する弁護士会が行政庁として行います。この場合，弁護士会は国にも公共団体にも所属していませんので，弁護士会自体が取消訴訟の被告となります。

弁護士への懲戒

弁護士への懲戒は弁護士法８章の規定に基づき行われます。

被告適格の考え方

処分や裁決をした行政庁（例）	被告
国土交通省九州運輸局	➡ 国
○○市 ×× 課	➡ ○○市
埼玉弁護士会	➡ 埼玉弁護士会

どこの裁判所に訴えればいいの？（訴訟管轄）

「何もかもルールだらけ…」といえばそれまでなのですが，訴訟を起こすことができる裁判所は決まっています。それが**訴訟管轄**の問題です。あまり詳しくは説明しませんが，たとえば，国の処分の取消しを求める場合には，法務省がある場所を管轄する東京地裁が管轄裁判所になります。しかし，地方に住む人にとってこのルールは「しんどい」ものです。そこで，国を被告とする取消訴訟については，原告の住所地を管轄する高等裁判所のお膝元の地方裁判所でも起こすことができるよう規定されています（法12条4項）。これが特定管轄裁判所というものです。

たとえば，沖縄県の人が原告の場合には，管轄高裁は福岡高裁になりますので，福岡地裁にも提起することができるということになります。すべての裁判官が行政事件訴訟に詳しいわけではないので，高裁があるような土地の地裁に訴訟を集めて担当させることにしたのです。被告適格や訴訟管轄のルールは取消訴訟以外の抗告訴訟にも準用されます（法38条）。

国を訴える場合の特定管轄裁判所

沖縄の原告が国を被告として取消訴訟を起こす場合，原則によると東京地裁が管轄裁判所になりますが，福岡地裁にも起こすことができるようになっています。原告の負担を減らすためです。

福岡高裁
福岡地裁
東京地裁
沖縄の原告

東京地裁が管轄裁判所

原則からすれば，被告の住所地を管轄する裁判所に訴えを提起すべきものとされています。

特定管轄裁判所

法12条４項には，「原告の普通裁判籍の所在地を管轄する高等裁判所の所在地を管轄する地方裁判所（次項において「特定管轄裁判所」という。）にも，提起することができる」とあります。

取消訴訟はいつまで提起しなければならないの？（出訴期間）

取消訴訟が提起できる期間が決まっています。それを過ぎると却下されます。これを**出訴期間**の問題といいます。この出訴期間には，その人が知った日からカウントする**主観的出訴期間**と，その人が知ったかどうかに関わらずカウントされる**客観的出訴期間**があります。どちらについても，正当な理由があるときは，出訴期間を経過しても取消訴訟を提起できます。

主観的出訴期間	客観的出訴期間
処分又は裁決があったことを知った日から6か月を経過したときは，提起することができない（法14条1項）。	処分又は裁決の日から1年を経過したときは，提起することができない（法14条2項）。

審査請求前置って何ですか？

訴訟の中には先に審査請求（不服申立て）をして，その結果に不満がある場合にはじめて取消訴訟を起こすことができる場合があります。これを**審査請求前置**といいます。審査請求前置は法律に定められた例外的な処分についてだけ求められます。審査請求前置が求められている処分について，審査請求を経ないで取消訴訟を提起すると，やはり却下されます。

審査請求の結果

審査請求の結果のことを裁決といいます。詳しくは6-3で学びます。

審査請求前置

昔と比べ審査請求前置を求める処分は少なくなりました。ただ，税や社会保険，年金などはまだ前置が求められています。専門的な処分ですし，多忙な裁判所をパンクさせない配慮もあります。

「5-4 取消訴訟の要件 2」のまとめ

▶処分性，原告適格，訴えの利益のほかに，被告適格，訴訟管轄，出訴期間，審査請求前置が訴訟要件です。
▶訴訟要件を満たさない取消訴訟は，却下されます。
▶取消訴訟の被告は，国や地方公共団体などです。
▶取消訴訟には，訴訟管轄の特例が定められています。
▶出訴期間には，主観的出訴期間と客観的出訴期間があります。
▶処分によっては，先に不服申立て（審査請求）を求められているものがあります。

問題15　取消訴訟の訴訟要件　地方上級

行政事件訴訟法上の取消訴訟の訴訟要件に関する次の記述のうち，妥当なものはどれか。

1. 処分または裁決をした行政庁が国または公共団体に所属しない場合には，当該行政庁を指揮監督する国または公共団体に対して取消訴訟を提起することができる。
2. 国を被告とする取消訴訟は，原告の普通裁判籍の所在地を管轄する高等裁判所の所在地を管轄する地方裁判所にも，提起することができる。
3. 取消訴訟は，処分または裁決があったことを知った日から3か月を経過したときは，提起することができない。ただし，正当な理由があるときは，この限りでない。
4. 処分があったことを「知った日」とは，相手方が処分のなされたことを現実に知った日をいうので，了知することが必要であり，了知可能な状態に置かれただけではこれに当たらない。

5. 不服申立前置主義がとられている場合において，審査請求が誤って却下されたときは，不服申立前置をしたとはいえないため，取消訴訟を提起することができない。

解答

1　妥当ではない。処分または裁決をした行政庁が国または公共団体に所属しない場合には，その団体を被告として取消訴訟を提起します（法11条２項）。

2　妥当である。法12条４項のとおりです。

3　妥当ではない。「３か月」は「６か月」の誤りです（法14条１項）。

4　妥当ではない。処分が告知されたり，相手方に通知されるなど了知することができる状態に置くことも，当然，「知った日」と評価できます。

5　妥当ではない。誤って却下されたときも審査請求が前置されたものと評価されます（最判昭36・７・21）。

正解　2

5-5　国総 ★★　国般 ★★　地上 ★★　市役所 ★★

取消訴訟の審理手続と判決

～審理の特徴と判決の種類～

行政事件訴訟法は行政事件訴訟だけに特徴的なことが規定されているとお話ししました。ここでは取消訴訟の審理手続に特徴的なことを学びましょう。とはいえ，公務員試験では深入りは禁物です。ここに記したことぐらいで十分です。

取消訴訟の審理の特徴ってあるの？

普通の民事訴訟とは違った行政事件訴訟だからこその特徴があります。一般の民事訴訟では，それぞれの当事者が主張したこと以外に裁判所は取り上げてくれません。たとえば「３年前に貸した10万円を返せ！」と主張していたところ，審理の過程で裁判官が「そのほかにも被告は原告に30万円返してないのではないか」と感じたとします。しかし，原告が主張していない以上，「それも含めて返してもらったらどう？」と裁判所はいいません。

このように当事者が主張しない事実を裁判所が取り上げることはしないというルールは**弁論主義**から導かれます。主張を裏付ける証拠も当事者が用意しなくてはなりません。ところが取消訴訟では，当事者が主張しているものであれば，裁判所が証拠を調べてくれます。このように裁判所が職権で証拠を調べてくれることを**職権証拠調べ**といいます（行政事件訴訟法24条）。行政事件訴訟では，行政のプロである行政庁の方が訴訟において圧倒的に有利です。職権証拠調べも当事者間の平等を図るしくみといえます。

釈明処分の特例というものも認められています（法23条の２）。これは，行政庁に対して処分に関係する資料を裁判所が求めることです。裁判所が自ら訴訟関係を明らかにすることができるようにしています。

弁論主義

訴訟をどうやって解決するか，どんな事実(証拠)を集め，主張するかは当事者が決めるという考え方のことです。

職権

当事者の申出を受けず，裁判所が自ら必要性を感じて行うことをいいます。

職権証拠調べ

「修正された弁論主義」なんて言い方をすることもあります。完全に職権で証拠を探すのではなく，当事者が主張することに関して足らない証拠を調べるというイメージです。

訴訟参加って何ですか？

訴訟参加というのは当事者以外の者が訴訟に参加することです。訴訟の結果により権利を害される第三者があるときには，裁判所は申立てや職権により取消訴訟に参加させることができます。これを**第三者の訴訟参加**（法22条）といいます。また，裁判所は処分庁以外の行政庁を申立てや職権により訴訟に参加させることもできます。これを**行政庁の訴訟参加**（法23条）といいます。

訴訟参加

訴訟参加には，「第三者の訴訟参加」ばかりでなく，「行政庁の訴訟参加」もあります。

訴訟参加のイメージ

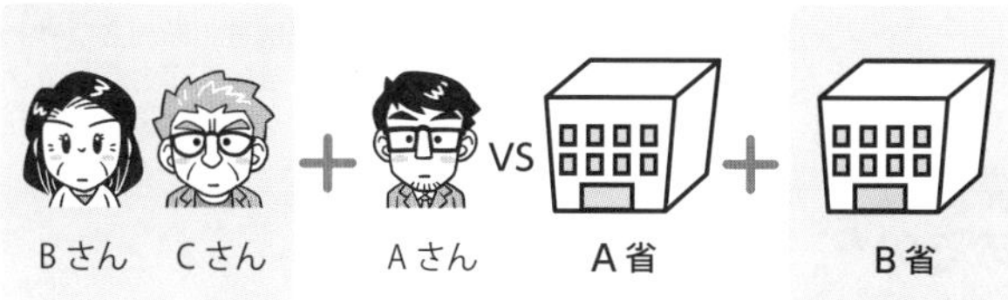

（第三者の訴訟参加）　（行政庁の訴訟参加）

取消訴訟を起こしても処分は停止されないの？

誤った処分をされて困って取消訴訟を起こしても，裁判というのは思いのほか時間がかかるもの。そのため，取消訴訟が提起され，「重大な損害を避けるため緊急の必要があるときは」，裁判所は執行の停止をすることができます（法25条２項）。

執行の停止は，申立てを受けて行われます。ただ，公共の福祉に重大な影響を及ぼすおそれがあるとき，又は本案について理由がないとみえるときは，することができません（同条４項）。執行の停止には，処分の効力，処分の執行，手続の続行の停止がありますが，一番，影響の大きい，処分の効力の停止は，処分の効力の停止や手続の続行の停止で目的を達成するときにはすることはできません（同条２項ただし書）。

執行停止をすることができる

取消訴訟を提起しても執行は停止されないのが原則です（執行不停止の原則）。

本案について理由がないとみえないとき

「取消を求める主張について理由がないとみえないとき」と言い換えることができます。

執行停止を内閣が阻止することはできないの？

裁判所による執行停止は，国民の権利を守るために行われるものですが，内閣からすれば避けてほしい場合もあるはずです。そこで，内閣総理大臣には執行停止をとめる強い権限を与えています。これが**内閣総理大臣の異議**の制度です。

内閣総理大臣が執行停止に異議を述べると，執行停止を行うことができなくなりますし，すでに執行停止をしている場合にも，執行停止を取り消さなくてはならなくなります（法27条４項）。内閣総理大臣は，やむをえない場合でなければ，異議を述べてはならず，また，異議を述べたときは，次の常会において国会にこれを報告しなければならないこととされています（同条５項）。

執行停止

不服申立てにおいても，執行停止のしくみはありますが，内閣総理大臣の異議の制度はありません（6-3参照）。

内閣総理大臣の異議

異議には理由を付さなければならないものとされています。

取消訴訟の判決にはどんな種類があるの？

判決には訴訟要件を満たしていないため本案審査に進まなかった**却下判決**があります。内容まで審理してもらえないので門前払い判決などといわれる場合もあります。本案審理まで進めば，主張内容が審理されますが，主張が認められない**棄却判決**と，主張が認められた**認容判決**があります。これはどの訴訟でも同じです。

取消訴訟に特徴的なのが**事情判決**というものです。処分が違法であるのにかかわらず，これを取り消すことにより公の利益に著しい障害を生ずる場合において棄却するのががそれに当たります（法31条１項）。たとえば，道路拡張のための土地収用の手続に違法があるけれども，すでに道路の一部が完成している場合などにこの事情判決が使われるでしょう。ただの棄却ではないということを明らかにするために，判決の主文において，処分又は裁決が違法であることを宣言しなければなりません。

判決の主文

判決文のうち，結論に当たる部分のことをいいます。

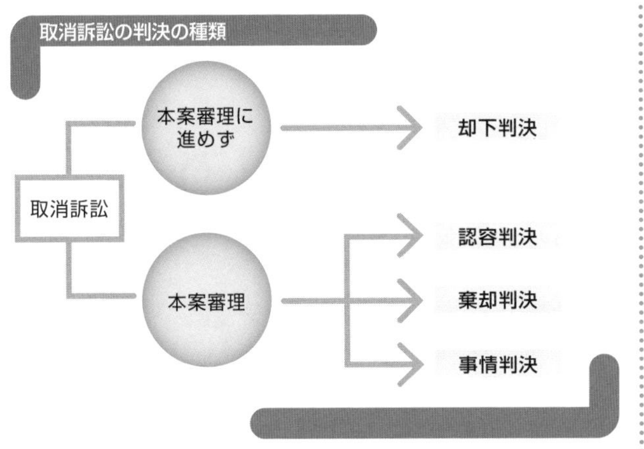

「5-5 取消訴訟の審理手続と判決」のまとめ

- ▶取消訴訟では，民事訴訟にない職権証拠調べを行ってくれます。
- ▶取消訴訟が提起されても執行不停止が原則ですが，一定の要件が揃えば，申立てを受け裁判所は執行停止をすることができます。
- ▶執行停止には内閣総理大臣の異議の制度があります。
- ▶事情判決は棄却判決の一つですが，判決の主文において，処分又は裁決が違法であることが宣言されます。

5-6　国総 ★★★　国般 ★★★　地上 ★★　市役所 ★★

取消訴訟以外の抗告訴訟

～義務付け訴訟，差止め訴訟など～

公務員試験では，取消訴訟からの出題が多いのですが，肢の一つとして，他の訴訟から出題されることがあります。また，義務付け訴訟や差止め訴訟は論点が多いので，単独の問題として出題されることもあります。覚えるのが後回しにされがちな分野ですが，ここでしっかり覚えておきましょう。

取消訴訟以外の抗告訴訟にはどんなものがあるの？

まずは名称の確認です。取消訴訟（処分の取消訴訟・裁決の取消訴訟）以外にも次のような抗告訴訟があります。いずれも主観訴訟です。

抗告訴訟

行政庁の公権力の行使に関する不服の訴訟のことです（行政事件訴訟法３条１項）。

抗告訴訟の種類

取消訴訟	処分の取消訴訟
	裁決の取消訴訟
無効等確認訴訟	
不作為違法確認訴訟	
義務付け訴訟	
差止め訴訟	

無効等確認訴訟ってどんな訴訟なの？

無効な行政処分はそもそも効力を持ちません。しかし，重大かつ明白なレベルの瑕疵がなければ無効とはなりません。行政側は「たしかに瑕疵があるけれど，無効な行政行為ではありません」というかもしれません。重大かつ明白な瑕疵かどうか，国民と行政の間で「見解の相違」が生じるおそれがあるのです。

ところが，行政処分が無効でなかったとしたら，公定力が生じることになります。そこで，国民の側から「あの行政処分無効だよね」と確認する方法が求められます。これが**無効**

無効等確認訴訟の「等」

あまり気にすることはありませんが，処分などの不存在や存在を確認する訴訟などが考えられますので「等」があります。

等確認訴訟です。無効の確認は処分ばかりでなく裁決についても行うことができます。

無効等確認訴訟を起こすことができる者（原告適格を有する者）は，無効等の確認を求めるにつき法律上の利益を有する者です。また，他の現在の法律関係に関する訴えによって目的を達することができない場合に限り提起することができるとされています（行政事件訴訟法36条）。

不作為違法確認訴訟はどんなとき起こせるの？

不作為違法確認訴訟は，行政庁が一定期間に処分や裁決をすべきであるのに，これをしないときに，その不作為を確認する訴訟です。

不作為違法確認訴訟は，処分や裁決についての申請をした者に限り提起することができます（法37条）。申請を前提にしていますので，取消訴訟で求められる「法律上の利益を有する者」という原告適格は求められません。

申請をした者

申請をした者というのは現実に申請をした者のことをいい，その申請が適法であるか不適法であるかは問わないと考えられています。

義務付け訴訟って何？

義務付け訴訟というのは，その名のとおり，行政庁にある処分又は裁決をするよう命ずることを求める訴訟をいいます。義務付け訴訟は２つあって，一つは，行政庁が一定の処分をすべきであるにもかかわらずこれがされないときに行う義務付け訴訟です（法３条６項１号）。たとえば，法令の排出基準を超える汚染水を排出している工場があるのに改善命令を出さないでいる行政庁に対して，近隣住民が改善命令を出すよう訴訟を起こすことがそれに当たるといえるでしょう。この場合には申請を前提としていない義務付け訴訟なので，**非申請型**といわれています。

そしてもう一つが，行政庁に対し一定の処分又は裁決を求める申請や審査請求をしたのに，それがされないときにするものです（法３条６項２号）。法令に規定する許可要件を満たしているものとして許可申請したのに，不許可になった場合に，許可を求める義務付け訴訟はその例といえます。こうした義務付け訴訟は申請を前提とするので**申請型**と呼ばれています。

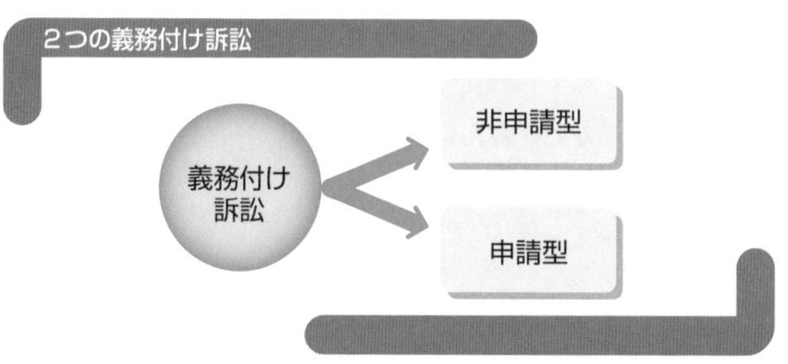

義務付け訴訟はどんな人が起こすことができるの？

非申請型義務付け訴訟と申請型義務付け訴訟に分けて考えてみます。非申請型義務付け訴訟は，一定の処分がされないことにより重大な損害を生ずるおそれがあり，かつ，その損害を避けるため他に適当な方法がないときに限り，提起することができます（法37条の2第1項）。申請を前提にしていないのですから，一定の処分をすべき旨を命ずることを求めるにつき法律上の利益を有する者に限り，提起することができます（同条3項）。

一方，申請型は先に申請をしているのですから，「法律上の利益」は求められていません。法令に基づき申請などをしたのに，相当期間，何の返答もなく放置されたり，申請が認められなかったなどの事実があれば，訴訟を提起することができるのです（法37条の3第1項）。そうなのです。今述べたように，申請型の義務付け訴訟は，**不作為型**と**拒否処分型**にさらに分けられるのです。

法律上の利益

申請を前提とする訴訟には訴訟要件として「法律上の利益を有する者」であること（原告適格）は求められません。申請型の義務付け訴訟がそれに当たります。また，不作為違法確認訴訟も申請を前提としますので，同様に「法律上の利益を有する者」であること（原告適格）は求められません。

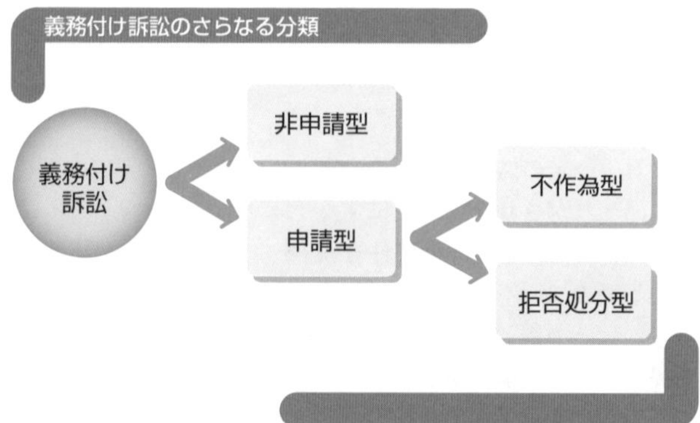

申請型の義務付け訴訟は，同時に別な訴訟も起こさないといけないの？

少し不思議な規定があります。法37条の3第3項がそれです。申請型の義務付け訴訟のうち，不作為型の訴訟を起こすには同時に不作為違法確認訴訟を，拒否処分型の訴訟を起こすには取消訴訟を併せて提起しなければならないものとされています。

場合によっては，義務付けではなく，不作為の違法確認をするだけで問題が解決するかもしれません。また，義務付けではなく，処分などを取り消すことで解決するかもしれません。併せて他の訴訟を起こすように求めたのは，裁判所が最善な形で解決策を選ぶことができるようにするためです。裁判では当事者が訴えた方法でしか解決ができませんので，そのため併合提起すべき訴訟を定めたというわけです。

併合提起
提起された訴えについては，同じ裁判のなかで審理され，判決の段階で裁判所が解決策を選ぶことになります。

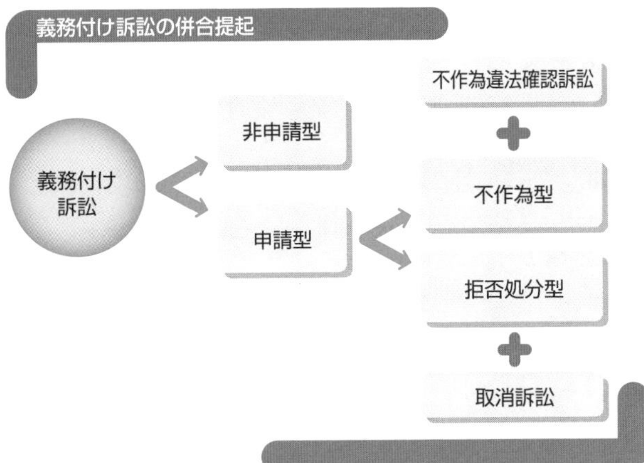

どんなときに義務付け判決が出されるの？

義務付け判決が出されるのは，請求に理由があると認められ，しかも，行政庁がその処分などをすべきであることが法令の規定から明らかであると認められたり，行政庁がその処分などをしないことがその裁量権の範囲を超えたり，裁量権の濫用となると認められるときです。原告からすれば，こうした要件がそろえば裁判に勝てるという意味で，**勝訴要件**といいます。勝訴要件は法37条の３第５項に規定されています。訴訟を起こす者にとっては親切な規定といえます。

差止め訴訟ってどんなものなの？

行政庁がある処分や裁決をすべきではないのに，これをしようとしているときに，行政庁にその処分や裁決をしないよう裁判所に命ずるよう求める訴訟のことを**差止め訴訟**といいます（法３条７項）。

差止め訴訟は，「一定の処分又は裁決がされることにより重大な損害を生ずるおそれがある場合に限り，提起することができる」ものです（法37条の４第１項）。ただ，その損害を避けるため他に適当な方法があるときは，差止め訴訟はできません（同項ただし書）。また，差止め訴訟を提起するには，差止めを求めることについて法律上の利益が必要です（同条３項）。

要件などを表にまとめておきますね。

差止め訴訟の要件など

積極的要件	一定の処分又は裁決がされることにより重大な損害を生ずるおそれがある
消極的要件	その損害を避けるため他に適当な方法がないこと
原告適格	行政庁が一定の処分又は裁決をしてはならない旨を命ずることを求めるにつき法律上の利益を有する者であること

どんなときに差止め判決が出されるの？

差止め訴訟の勝訴要件も法37条の４第５項に規定されています。

裁判所は，行政庁がその処分などをすべきでないことが法令の規定から明らかであると認められたり，行政庁がその処分などをすることが裁量権の範囲を超えたり，裁量権の濫用となると認められるときです。その場合には，その処分など

されることにより

義務付け訴訟（非申請型）の場合には「されないことにより」です。

消極的要件

「○○の場合には，できない」と規定されているとき「○○の場合」のことを消極要件といいます。法37条の４第１項では「ただし，その損害を避けるため他に適当な方法があるときは，この限りでない」とあります。

をしてはならない旨を行政庁に命じます。

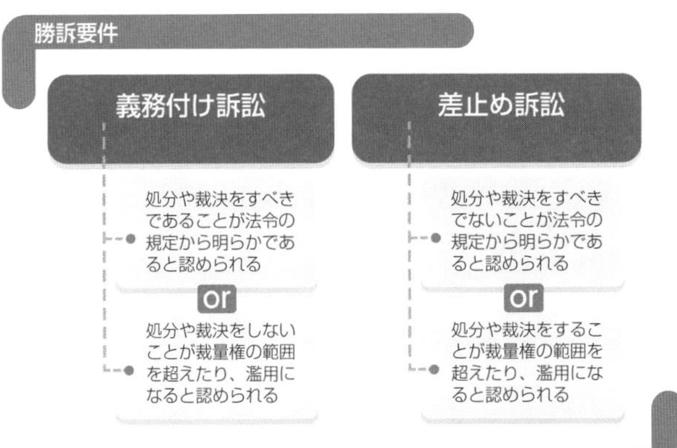

判決が出るのが待てないときにどうするの?

取消訴訟の判決が待てない場合には，まずは執行停止を申し出ることができますが，義務付け訴訟や差止め訴訟を起こした場合も，同じように判決を待っていたのでは救済が間に合わないということがあるはずです。

たとえば，障害のある子どもを公立の保育所に預けたくて入所の申込みをしたのに認められなかったとします。ほかに預かってくれる民間の保育所はないし，かといって仕事をやめるわけにもいきません。入所を認める義務付け訴訟を起こしたものの，時間がかかりそうです。こうしたときには，まずは**仮の義務付け**を求めることができます。

「その義務付けの訴えに係る処分又は裁決がされないことにより生ずる償うことのできない損害を避けるため緊急の必要があり，かつ，本案について理由があるとみえるとき」に裁判所は仮の義務付けを命じることができるとしています(法37条の5第1項)。

一方，差止め訴訟を起こしているときにも，**仮の差止め**の制度があります。「その差止めの訴えに係る処分又は裁決がされることにより生ずる償うことのできない損害を避けるため緊急の必要があり，かつ，本案について理由があるとみえるとき」にできるとしています(同条2項)。要件も仮の義

救済が間に合わない

救済が間に合わないときに裁判所が行うとりあえずの救済制度を仮の救済制度といいます。

償うことのできない～緊急の必要があり

義務付け訴訟や差止め訴訟は「重大な損害を生ずるおそれがある場合」に可能ですが，仮の義務付けや仮の差止めでは，さらに要件が厳しいということです。

本案について理由があるとみえるとき

執行停止では「本案について理由がないとみえるときは，することができない」とあります。執行停止より要件が厳しいことがわかります。

務付けとほぼパラレルな関係にあります。

なお，仮の差止めや仮の義務付けには，執行停止と同様に内閣総理大臣の異議の制度が準用されます（同条4項）。

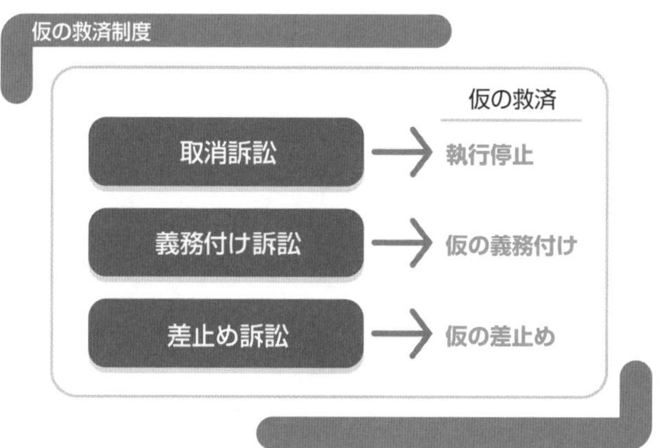

「5-6 取消訴訟以外の抗告訴訟」のまとめ

▶取消訴訟以外に抗告訴訟として，無効等確認訴訟，不作為違法確認訴訟，義務付け訴訟，差止め訴訟があります。

▶義務付け訴訟には，法令に基づく申請を前提としない非申請型と，法令に基づく申請を前提とする申請型があります。

▶申請型の義務付け訴訟は，不作為型と拒否処分型にさらに分かれます。

▶申請型の義務付け訴訟のうち，不作為型の訴訟を起こすには不作為違法確認訴訟を，拒否処分型の訴訟を起こすには取消訴訟を併せて提起しなければなりません。

▶仮の救済制度として，取消訴訟には執行停止のしくみがありますが，義務付け訴訟には仮の義務付けが，差止め訴訟には仮の差止めの制度があります。

5-7　国総 ★★★　国般 ★★★　地上 ★★　市役所 ★★

当事者訴訟・民衆訴訟・機関訴訟

～地味だが出題される訴訟～

抗告訴訟以外の主観訴訟である当事者訴訟と，民衆訴訟，機関訴訟といった客観訴訟を見ていきましょう。このうち当事者訴訟はイメージしにくいのではないでしょうか。公務員試験との関係でいえば，形式的当事者訴訟と実質的当事者訴訟のそれぞれの例が思い出せればそれでいいという感じです。

当事者訴訟ってどんな訴訟なの？

当事者訴訟には２つの訴訟があります。**形式的当事者訴訟**と**実質的当事者訴訟**です。当事者訴訟には，対等な当事者として争うというような意味があります。

2つの当事者訴訟

	形式的当事者訴訟	実質的当事者訴訟
条文（行政事件訴訟法４条）での表現	当事者間の法律関係を確認し又は形成する処分又は裁決に関する訴訟で法令の規定によりその法律関係の当事者の一方を被告とするもの	公法上の法律関係に関する確認の訴えその他の公法上の法律関係に関する訴訟
具体例	土地収用補償額をめぐる訴訟	選挙権の確認訴訟・国籍の確認訴訟

・形式的当事者訴訟

形式的当事者訴訟については一つの訴訟の例を覚えておけばそれでいいでしょう。それは土地収用の補償額をめぐる訴訟です。

たとえば，市道の用地として，県の収用委員会がある土地を収用する裁決を行ったとします。裁決では収用に当たっての補償額も決められます。仮に3,000万円の補償額が示されたとしましょうか。しかし，土地の持ち主が「3,000万円では安すぎる！」と不満を持っていたらどうでしょう。収用委

収用委員会

都道府県に置かれ，その都道府県での土地収用に関する裁決などの事務を行う委員会のこと。

員会の裁決は行政庁の処分ですから，普通なら，この裁決について取消訴訟を起こすことになります。ところが，めでたく取り消されても，改めてなされた裁決で示された額が3,200万円で，土地の所有者がやはりこの額では不満であるということもあるかもしれません。こんな風にお互いが満足するまで，取消しと新たな裁決を繰り返すのは，時間の無駄です。

そこで，土地収用法では，収用委員会の裁決のうち，損失補償の額に関する訴えは，土地の所有者が訴えを起こす場合には起業者を，起業者が訴えを起こす場合には土地の所有者を被告として起こすことを求めています。事柄の性格から，当事者で額について争うことを認めているのです。この例が形式的当事者訴訟の例です。

起業者

その事業を行おうとする者のことです。市道を通そうとするのは市なので，この場合には市が起業者となります。

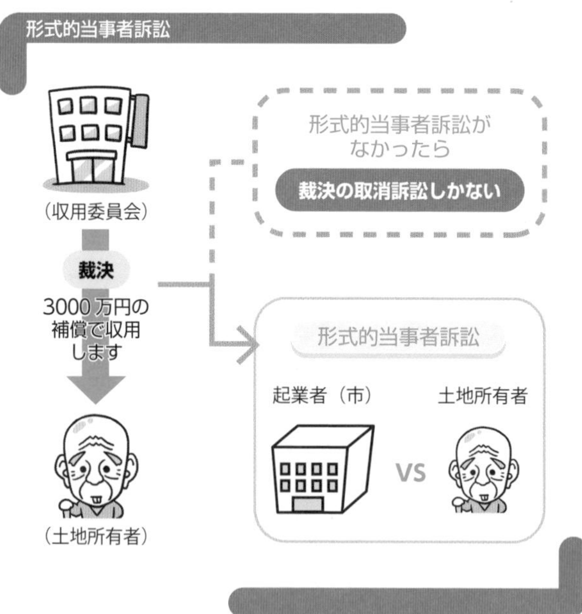

・実質的当事者訴訟

実質的当事者訴訟は，「公法上の法律関係に関する確認の訴えその他の公法上の法律関係に関する訴訟」（行政事件訴訟法４条）です。「公法上の法律関係」というところがポイントです。「私は日本国籍あるよね」とか「私には衆議院議員の選挙権があるよね」といった，公法上の法律関係を確認するために使われます。

民衆訴訟ってどんなものなの？

民衆訴訟というのは，行政を適正なものにするため起こす訴訟です。民衆訴訟という名前から世直しに立ち上がった民衆をイメージしますが，まさにそのとおり，世直し訴訟といっていいかもしれません。

民衆訴訟は客観訴訟です。住民が自治体の違法な支出について訴訟を起こしたり，選挙人などが選挙や当選の効力などを確かめるための訴訟として使われます。

違法な支出についての訴訟

住民訴訟といいます。地方自治法に根拠があります。

選挙や当選の効力などを確かめるための訴訟

選挙訴訟といいます。公職選挙法に根拠があります。

機関訴訟ってどんな訴訟ですか？

国や地方公共団体の機関どうしの訴訟を機関訴訟といいます。法律に定められた場合に，定められた者だけが提起することができる客観訴訟です。

一つだけ例を挙げると，国と地方公共団体の間の関与に関する訴訟があります。昔と違い，地方分権の世の中です。国といえども，地方に対して必要以上に口出し（関与）はできません。関与ができるのは，法律で定める場合に，法律で定める方法での関与だけです。関与をめぐるトラブルについての訴訟が地方自治法に定められています。

関与の法定化主義

国は，地方自治法その他の法律で定める場合と方法でしか地方公共団体に関与できません。

「5-7 当事者訴訟・民衆訴訟・機関訴訟」のまとめ

- ▶主観訴訟として，抗告訴訟以外に当事者訴訟があります。
- ▶当事者訴訟には，形式的当事者訴訟と実質的当事者訴訟があります。
- ▶形式的当事者訴訟の例として，土地収用の補償額をめぐる訴訟を挙げることができます。
- ▶行政事件訴訟法には客観訴訟として，民衆訴訟と機関訴訟が定められています。

行政事件訴訟法に規定する行政事件訴訟に関する記述として，通説に照らして，妥当なのはどれか。

1. 行政事件訴訟法は，抗告訴訟について，処分の取消しの訴え，裁決の取消しの訴え，無効等確認の訴え，不作為の違法確認の訴え，義務付けの訴え，差止めの訴えの６つの類型を規定しており，これ以外に法定されていない無名抗告訴訟を認める余地はない。
2. 処分の取消しの訴えとその処分についての審査請求を棄却した裁決の取消しの訴えとを提起することができる場合には，裁決の取消しの訴えにおいては，処分の違法を理由として取消しを求めることができない。
3. 無効等確認の訴えは，処分若しくは裁決の存否又はその効力の有無の確認を求める訴訟をいい，行政事件訴訟法に抗告訴訟として位置付けられており，取消訴訟と同様に出訴期間の制約がある。
4. 当事者訴訟には，２つの類型があり，公法上の法律関係に関する確認の訴えその他の公法上の法律関係に関する訴訟を形式的当事者訴訟といい，当事者間の法律関係を確認し又は形成する処分又は裁決に関する訴訟で法令の規定によりその法律関係の当事者の一方を被告とするものを実質的当事者訴訟という。
5. 民衆訴訟は，国又は公共団体の機関の法規に適合しない行為の是正を求める訴訟で，選挙人たる資格その他自己の法律上の利益にかかわらない資格で提起するものであり，法律に定める者に限らず，誰でも訴えを提起することができる。

解答

1　妥当ではない。無名抗告訴訟（法定外抗告訴訟）を認める余地がないわけではありません。

2　妥当である。処分の違法を主張するなら，処分の取消訴訟を起こして，そのなかで主張しなければなりません（行政事件訴訟法10条２項）。これを原処分主義といいます。

3　妥当ではない。無効等確認訴訟は抗告訴訟の種類の一つです。ただ，出訴期限の定めはありません。

4　妥当ではありません。形式的当事者訴訟と実質的当事者訴訟の説明が逆です（法４条）。

5　妥当ではない。民衆訴訟は客観訴訟でもあり，法律で定める場合において，法律で定める者に限り起こすことができます（法42条）。

正解　2

第6章

行政不服審査法

行政内部での処分の見直しを求めるルール

この章では不服申立ての根拠法である行政不服審査法について学びます。不服申立ては，行政処分についての行政内部の見直しを求めるものです。取消訴訟と共通することや，行政手続法と共通することもあります。そうした部分も確認しながら学習を進めましょう。

6-1　国総 ★★★　国般 ★★　地上 ★★★　市役所 ★

不服申立ての類型

～中心となるのは審査請求～

行政不服審査法では基本的に**審査請求**という方法によって不服申立てを行います。ただ，法律で定める場合には，再調査の請求や再審査請求をすることもできます。

審査請求など

「審査請求とはこうしたものです」となかなか一言では表現しにくいのですが，ベーシックな不服申立てを審査請求と呼んでいます。再審査請求は２度目の審査請求のことであり，再調査の請求は簡単な不服申立ての手続というイメージを持って読み進めてください。

行政不服審査法の目的は何？

「誤った処分をなんとかしてほしい」。審査請求を起こす人はそんな気持ちに違いありません。行政不服審査法の目的は「国民の権利利益の救済」ということになります。たしかに，このことは行政不服審査法１条に書かれています。しかし，これに加えてもう一つのことが目的として規定されています。それは「行政の適正な運営を確保すること」です。不服申立ての対象には**違法な処分**だけでなく**不当な処分**も含みます。これは，早めに問題点を指摘してもらい行政を適正なものにすることもねらいとしているからなのです。

違法な処分

違法な処分というのはその名のとおり法律違反の処分です。

不当な処分

不当な処分というのは違法とはいえないまでも内容が妥当ではない処分のことをいいます。不当な処分は不服申立ての対象となっても取消訴訟の対象とはなりません。

行政不服審査法

（目的等）

第１条　この法律は，行政庁の違法又は不当な処分その他公権力の行使に当たる行為に関し，国民が簡易迅速かつ公正な手続の下で広く行政庁に対する不服申立てをすることができるための制度を定めることにより，国民の権利利益の救済を図るとともに，行政の適正な運営を確保することを目的とする。

２　略

行政不服審査法は全部改正されたと聞いたけど？

行政不服審査法は平成26年に全部改正され（施行は平成28年4月1日），生まれ変わりました。これまでの行政不服審査法に基づく不服申立ては，「さんざん待たされて，おいしくないそばを食べさせる立ち食いそば」のようなものでした。本来，スピード感が命の不服申立てです。それにもかかわらず，結果（裁決）が出るまでの時間が長く，しかも，認容率が低かったのです。こうしたデータを前にして，国は国民からそっぽを向かれない不服申立て制度への改正に着手しました。改正の方向としては，「早さを取り戻す」ための方向性と，「うまさ（審理の充実）を高める」ための方向性が考えられるわけですが，平成26年改正では，少々，早さを犠牲にしても，「うまさを高める」ことに改正の重点を置きました。具体的には審理員や行政不服審査会を置くなど，審査の第三者性を高めたのです。

全部改正

全部改正されましたが法律の題名（名前）はこれまでどおり行政不服審査法です。

不服申立てと取消訴訟との違いは何ですか？

基本中の基本といえますが，不服申立てと取消訴訟の違いを確認しておきましょう。**取消訴訟**が裁判所に対して処分の取消しを求めるのに対して，**不服申立て**は，行政に処分の取消しなどの見直しを求めることです。「同じ穴のムジナ」などと悪口をいうつもりはありませんが，行政内部の見直しに過ぎないところが取消訴訟との違いとなります。

不服申立ては取消訴訟に比べて，審査の厳密さで劣るかもしれませんが，審査のスピードは期待できます。行政のプロである行政機関が判断するものですし，基本的には提出された書面で審査が行われるからです。しかも，裁判のように訴訟手数料も要りませんし，弁護士などの法律専門職に頼らなくても自分でできます。先ほど，不服申立てを「立ち食いそば」に例えたのも「早い」，「安い（無料）」といった要素を兼ね備えているからなのです。

これに対して，取消訴訟は，時間もお金もかかります。ただ，それでもより満足する結果が得られるかもしれません。そばでいえば，手打ちそばのおいしさです。ただ，手打ちそ

書面審理

裁判では裁判官の面前で双方の当事者が口頭で主張し合うことで審理が進んでいきます。これを口頭弁論主義といいます。これに対して不服申立ては提出された書面での審理を中心とします。

ばがそうであるように，少々，値段が張るのと，時間がかかるという欠点があります。

不服申立てと取消訴訟との違い

不服申立て ≒「立ち食いそば」		取消訴訟 ≒「手打ちそば」
早い	スピード	遅い
書面	審理方法	口頭
安い（無料）	費用	高い
違法・不当な処分	対象	違法な処分

不服申立ての類型にはどんなものがあるの？

現在の行政不服審査請求では，不服申立ては審査請求として行うのが基本です。審査請求の手続はあとで詳しく説明しますが，「審査」というのは，処分を行った者ではない人が判断をサポートするイメージで使われています。

法２条には「行政庁の処分に不服がある者は，（中略），審査請求をすることができる。」とあります。

審査請求には**処分についての審査請求**と**不作為についての審査請求**があります。

法令に基づく申請を行った者だけが行うことができます。

法律が定めた場合だけ可能な例外的な不服申立てとして**再調査の請求**と**再審査請求**があります。再調査の請求というのは，処分庁に対する「もう一度確認してよ」的な不服申立てです。税金に関する処分など一定のルールに従い大量に行われる処分について，簡単な見直しを求めるしくみをつくったのが再調査の請求です。ただ，再調査ができるからといって審査請求ができないとなると本末転倒です。そこで，次のようなルールを定めて，審査請求を行う権利は確保しています。

①再調査の請求ができる場合に，再調査の請求をするか，審査請求をするかは自由に選択できる。

②再調査の請求ができる場合には，原則として，先に再調査の請求の決定を経ないと審査請求をすることはできない。

再審査請求は，審査請求を行った結果（裁決）に不満がある場合に，さらに審査請求をすることができるというものです。再審査請求は法律で規定がある場合だけ例外的に可能です。

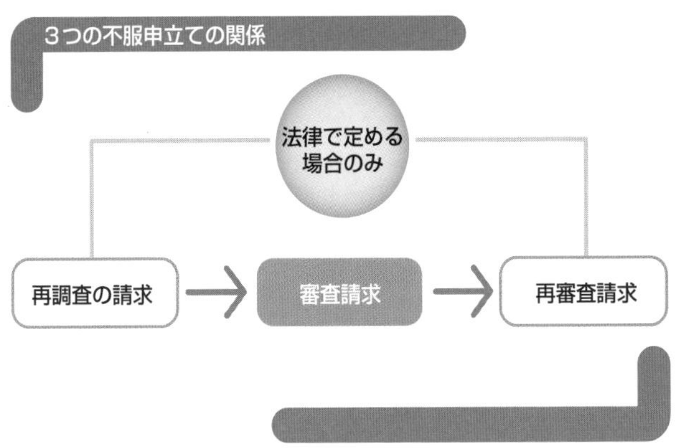

不服申立てについて書かれた法律は行政不服審査法だけなの？

行政不服審査法は「不服申立ての一般法である」といわれています。社会保険や税金などの行政分野によっては，行政不服審査法の手続をベースにしながら，さらに特殊な不服申立て制度がとられています。詳しくは公務員になってから，覚えていただくことにして，ここでは行政不服審査法（以下，この章では単に「法」といいます。）は不服申立ての一般法であることだけを覚えておいてください。

法１条２項もこうした意味の規定です。

行政不服審査法

（目的等）

第1条　略

2　行政庁の処分その他公権力の行使に当たる行為（以下単に「処分」という。）に関する不服申立てについては，他の法律に特別の定めがある場合を除くほか，この法律の定めるところによる。

「6-1　不服申立ての類型」のまとめ

▶行政不服審査法の目的には「国民の権利利益の救済」と並んで「行政の適正な運営を確保すること」があります。

▶行政不服審査法は，不服申立てについての一般法です。

▶行政不服審査法が定める不服申立ては審査請求が原則ですが，法律で定める場合には，再調査の請求，再審査請求も可能です。

6-2　国総 ★★★　国般 ★★　地上 ★★★　市役所 ★

審査請求の要件
～どのようにして審査請求するか～

どんな条件を満たしたときに審査請求の内容を審査してもらえるのか，それが，審査請求の要件の問題です。取消訴訟の要件（5－3）と似ているところがありますから，思い出しながら進めていきましょう。

審査請求の要件にはどんなものがあるの？

審査請求の要件としては以下のようなものがあります。こうした要件が満たされていないと審査請求は却下されてしまいます。

却下
審査請求では却下判決ではなく，却下裁決です。

① 処分又は不作為が存在するのか
② 審査請求できる人からの請求なの（不服申立適格）か
③ 審査請求を受けることができる行政庁への請求なのか
④ 不服申立てできる期間内での請求なのか

①は取消訴訟でいうところの処分性の問題と同じ部分があります。②は取消訴訟でいうところの原告適格の問題です。③は取消訴訟では被告適格の問題として出てきます。不服申立ては訴訟ではないので，原告とか被告とかの表現をとれません。そこで言い方が違うのです。④は取消訴訟では，出訴期間といっていたものです。

「処分又は不作為が存在するのか」ってどういう意味なの？

「処分又は不作為が存在するのか」ということが要件となりますが，これは処分や不作為が審査請求の対象になるという意味です。**取消訴訟のところで「処分性」ということを学びましたが，そのことは審査請求でも同じように求められます。**復習になりますが，なぜ，取消訴訟を起こす必要がある

処分性
処分性についての判例は取消訴訟についてのものもあれば，不服申立てについてのものもありますが，「処分性とは何か」といった内容だけに注目して学べば同じです。

かといえば，行政行為≒行政処分には**公定力**という力があり，たとえ瑕疵ある行政行為であっても，権限がある機関により取り消されるまで，効力を持ち続けるからです。これが行政指導など単なる「お願い」なら，国民は拒否すればいいだけのことです。しかし，処分となれば，国民は拒否するということができません。処分からの脱出口が**取消訴訟**というわけです。

ただ，普通の国民からすれば訴訟を起こすのはよほどのことです。もっと簡単に処分を見直してもらう機会として考えられたのが審査請求ということになります。ですから，審査請求の対象は取消訴訟の対象と同じ処分性のある行為ということになります。

それに加えて，不作為が審査請求の対象となります。ただ，「法令に基づき行政庁に対して処分についての申請をした」ことと，「申請から相当の期間が経過したにもかかわらず，行政庁の不作為がある」ことが必要になります（行政不服審査法３条)。このあたりも行政事件訴訟法に定める不作為違法確認訴訟と同様です。

公定力

瑕疵ある行政行為でも公定力があります。ただ，重大かつ明白な瑕疵がある行政行為は無効であり効力を生じません。これ復習です！

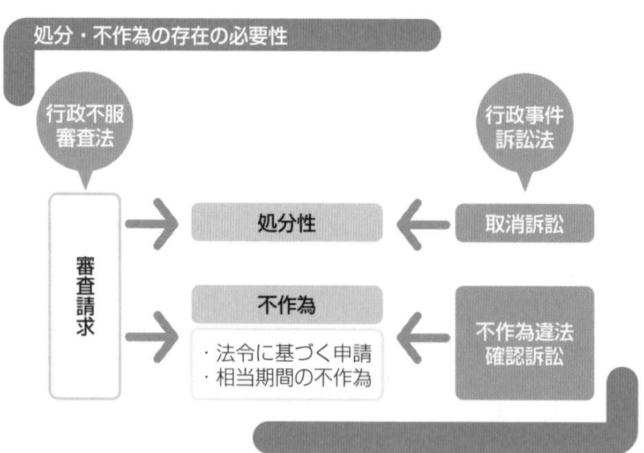

すべての処分が対象になるの？

基本的にすべての処分が審査請求の対象となります。国の処分も地方公共団体の処分も対象となります。取消訴訟と同じように**一般概括主義**をとっているわけです。回転ずしのメニューでいえば「トロを除いて，廻っているお寿司すべて

処分

法１条２項では「行政庁の処分その他公権力の行使に当たる行為（以下単に『処分』という。)」と規定しています。ここに，継続的に行われる事実上の行為が含まれることも取消訴訟の場合と同じです。

100円」と示すメニューは一般概括主義的です。反対に「サーモン，たまご…」と100円で食べられるねただけを挙げているメニューは限定列挙主義的といえます。

行政不服審査法では，対象となる処分について一般概括主義をとりながら，法7条1項で適用除外される処分が個別に挙げられています。**適用除外**されるものは，行政手続法と似ています。国会や裁判所など行政とは独立した機関の処分，刑事事件関係の手続としての処分，学校や刑務所での教育的目的の処分などです。また，行政不服審査法に基づく処分も適用除外です。これを認めると，屋上屋の手続を認めることになるからです。

屋根の上に屋根を作る。むだなことの例えです。

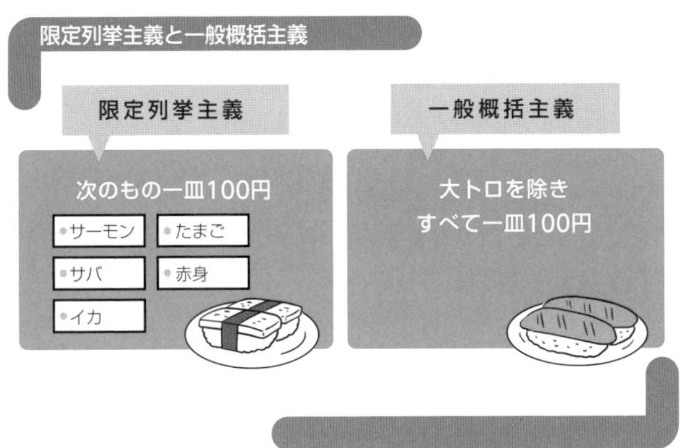

審査請求にも原告適格が求められるの？

取消訴訟では，「法律上の利益を有する者」に原告適格があるとされていました（行政事件訴訟法9条1項）。行政不服審査法でも，これは同じだと考えられています。行政不服審査法では，**不服申立適格**といいます。条文に特に書いてはいないのですが，これについて明らかにした判例があります。5章で紹介したジュース表示事件（最判昭53・3・14）がそれです。「当該処分について不服申立をする法律上の利益がある者，すなわち，当該処分により自己の権利若しくは法律上保護された利益を侵害され又は必然的に侵害されるおそれのある者をいう」としているのです。こうしたことか

その処分などに関係のない人は当然，不服申立てを求めることはできません。不服申立てを求めることができる資格のことを不服申立適格といいます。不服申立適格のない者が行った不服申立てには，却下裁決がなされます。

ら，取消訴訟の原告適格の問題は，審査請求の不服申立適格と全く同じ問題であると考えていいのです。

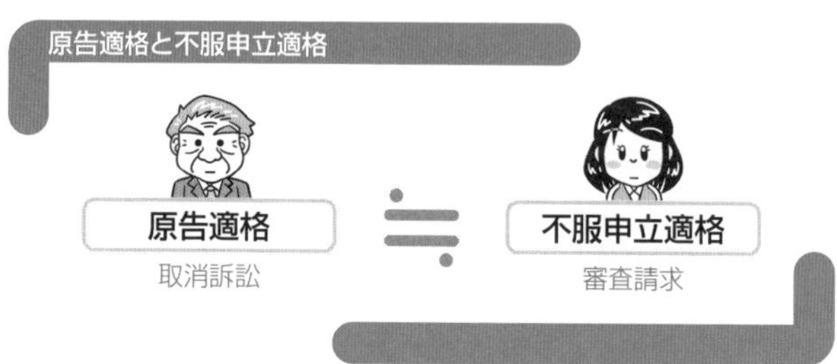

審査請求はどの行政庁へすればいいの？

どの行政庁に審査請求すべきかについては法４条に規定されています。原則は，処分庁や不作為庁（処分庁等）の最上級行政庁に審査請求すべきものとされています。最上級庁が判断すれば，審査請求の信頼を高めることになりますし，行政の見直しにもつながりやすくなります。ただ，処分庁等に上級行政庁がない場合や処分庁が主任の大臣などの場合には，処分庁に審査請求することになります。上級行政庁がない場合は仕方がありません。また，主任の大臣の上級行政庁は内閣ともいえるわけですが，それぞれの大臣に任せたのですから審査請求についてもその責任も果たしてもらおうと考えたのです。

審査請求

全部改正前は，処分庁に不服申立てする「異議申立て」，処分庁以外に不服申立てする「審査請求」に分けられていましたが，現在は審査請求に一本化されています。

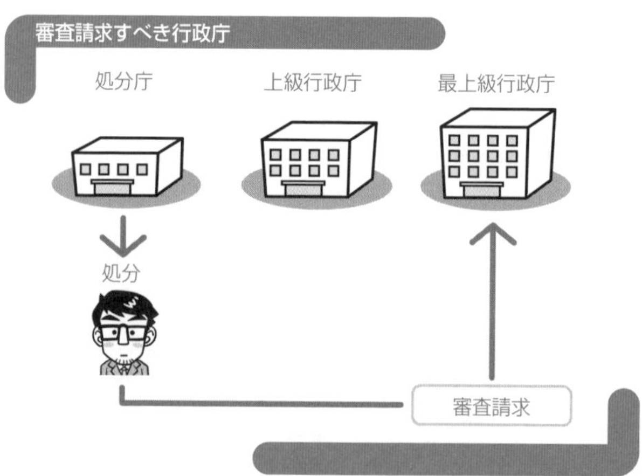

審査請求はいつまでできるの？

まず，処分についての審査請求です。審査請求できる期間については，法18条に定めがあります。処分があったことを知った日の翌日から起算して3月以内にしなければなりません（**主観的審査請求期間**）。また，処分があった日の翌日から起算して1年を経過するとできなくなります（**客観的審査請求期間**）。

先に再調査の請求をした場合が気になりますが，この場合についても規定があります。その再調査の請求についての決定があったことを知った日の翌日から起算して1月以内に審査請求をすることになっています。「1月以内」では短いような気がするもしれませんが，いったん再調査の請求をしたのですから「不満なこと」ははっきりしています。そこで期間も短めにしたのです。この場合も，その再調査の請求についての決定があった日の翌日から起算して1年を経過したときは，することができないとされています。なお，正当な理由があるときには，審査請求期間が経過しても審査請求は可能です。

主観的審査請求期間

「その人」の事情に左右される期間なので「主観的」の文字が加えられています。

1年を経過するとできなくなります

もちろん「1年以内にしなければなりません」とも表現できます。

客観的審査請求期間

「その人」の事情に左右されない期間なので「客観的」の文字が加えられています。

その他の不服申立てはいつまでできるの？

・不作為の審査請求

不作為というのは「処分をしてくれない」状態のことです。ですから，しない間は審査請求をすることができます。法も不作為に対する審査請求についての期間制限を置いていません。

不作為の審査請求

法令に基づき処分についての申請をし，申請から相当の期間が経過したにもかかわらず，行政庁の不作為がある場合にできるのが不作為の審査請求です（法3条）。

・再審査請求

再審査請求は，審査請求の裁決に不満があるときにさらに行う審査請求です。この場合には，もとの審査請求の裁決があったことを知った日の翌日から起算して1月以内にしなければなりません。また，もとの審査請求の裁決があった日の翌日から起算して1年を経過してしまうとできなくなります。もちろん，正当な理由があるときはこれらの期間を超えても再審査請求をすることができます（法62条）。

・再調査の請求

次は**再調査の請求**についてです（この問題，少しイヤになっているかもしれませんが，これが最後です）。再調査の請求は，処分があったことを知った日の翌日から起算して３月以内にしなければなりません。処分があった日の翌日から起算して１年を経過したときもできなくなります。正当な理由があるときの例外も，審査請求を最初にする場合と同じです（法54条）。

翌日から起算して

不服申立期間の場合には，翌日起算です。ところが，取消訴訟の場合には「知った日から６か月」のように翌日起算ではありませんので注意してください。

不服申立期間，どう覚えるのがいいの？

少しまとめておきましょう。何をするにしても，初めてのことは迷ったり，緊張したりします。ところが２回目からは慣れもあり，スムーズにできるものです。不服申立ても同じこと。そこで，**不服申立てを最初にするときの主観的期間は「３月以内」としています。これに対して，２度目の場合には「１月以内」となります。**再調査の請求を経たあとの審査請求や再審査請求がこれに当たります。客観的期間はどの場合も同じ１年以内ですし，正当な理由がある場合の例外はすべての場合で設けられています。これまでのことを表にもまとめておきましょう。

不服申立てできる期間

	主観的期間	客観的期間
１度目の不服申立て ・（再調査の請求を経ない）審査請求 ・再調査の請求	３月以内	１年以内
２度目の不服申立て ・再調査の請求を経ての審査請求 ・再審査請求	１月以内	

「6-2 審査請求の要件」のまとめ

▶審査請求を行うにはなんらかの処分や不作為があることが必要です。

▶取消訴訟での原告適格と同じような不服申立適格（審査請求適格）も必要です。

▶審査請求は処分庁等の最上級庁に行うのが原則です。しかし，処分庁に上級行政庁がない場合や処分庁等が主任の大臣の場合には，処分庁等が審査庁になります。

▶再調査の請求を経ない審査請求は，処分があったことを知った日の翌日から起算して３月以内にしなければなりません。また，処分があった日の翌日から起算して１年を経過するとできなくなります。

▶不作為の審査請求については，不作為がある間，行うことができます。

6-3　国総 ★★★　国般 ★★　地上 ★★★　市役所 ★

審査請求の審理手続と裁決

〜審理の始まりから終わりまで〜

審査請求は行政内部の手続です。また，書面審理が中心となります。こうしたところが，取消訴訟とは異なります。また，全部改正では，「うまさアップ（審理の充実）」のための手続として，第三者機関の意見を聴く機会なども加えられました。これも取消訴訟ではみられません。ここでは審査請求の審理手続の全体像を見てみましょう。なお，簡単な不服申立てである再調査の請求では，審査請求でとられる慎重な手続は行われませんので注意してくださいね。

審査請求でとられる慎重な手続

審理員や行政不服審査会などの手続は再調査の請求では行われません（法61条）。

審理手続の全体像は？

まずは図を見てもらいたいです。

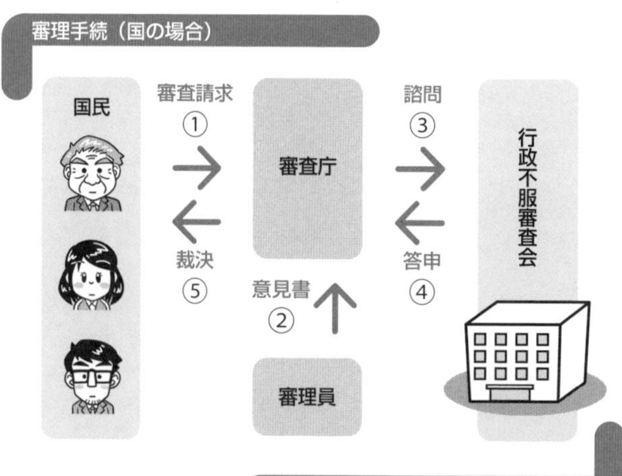

審理員になれない者

審理員は職員のなかから選ばれます。それ以上，どんな人を審理員にすべきかについての規定はありません。ただ，審理員になれない者を法９条２項では列記しています。審査請求で問題となった処分に関与した者やその処分についての再調査の請求の決定に関与した者，そして，処分に関して利害関係を有する者などが「なれない者」として挙げられています。

審査請求書が提出されることによって審査請求は行われます（行政不服審査法19条）。すると，審査庁は所属する職員のうちから**審理員**を指名します。ただ，その処分や処分に関する再調査の請求に関係した者は審理員になることができません（法９条２項）。公正さを大事にしているからです。不服申立ての審理はこの審理員が行い，最終的に**審理員意見書**として審査庁に提出します。なお，審査庁となる予定の行政庁は，審理員となるべき者の名簿を作成するよう努めるとともに，これを作成したときは，行政庁の事務所などにおける備付けその他の適当な方法により公にしておかなければならないとされています（法17条）。

審査庁はこの審理員意見書の提出を受けたら，今度は有識者からなる**行政不服審査会**に諮問をします（法43条１項）。審理員は公正に仕事を行うよう関係者を外して指名されますが，それでも審査庁の職員であることには変わりありません。審理員が行った審理手続が適正かどうか，また，審理員の意見を踏まえた審査庁の判断が適正かさらにチェックするのが行政不服審査会の役目というわけです。行政不服審査法は審査庁に答申を行います。審査庁はこの答申も踏まえて，裁決を行うのです。

行政不服審査会

総務省に置かれる審議会です。地方公共団体の審査請求の場合には条例で定めた附属機関（審議会）が諮問すべき第三者機関となります。

標準審理期間って何？

審査請求が審査庁の事務所に到達してから裁決をするまでに通常要すべき標準的な期間を**標準審理期間**といいます。

法16条では標準審理期間を定めるよう努めるとともに，これを定めたときは，行政庁の事務所などにおける備付けその他の適当な方法により公にしておかなければならないとしています。

標準審理期間を定めるよう努力義務が課せられているのは，審査請求に対する裁決が計画的に行われるようにするためです。「いつまでも待たせて，まずいそばを食わせる」という悪評は断ち切らねばなりません。法28条では，審理関係人や審理員が，審理において，相互に協力して，審理手続の計画的な進行を図らなければならないとする規定も置かれています。

標準審理期間

行政手続法の，申請に対する処分で出てくるのは「標準処理期間」です。お間違えなく！

審理関係人

審査請求人，参加人（利害関係があり審査請求に参加した人），処分庁等が審理関係人です。

書面で審理が行われると聞いたけど，どんな書面があるの？

審理員はいくつかの書面に目を通して審理します。

まず，審査請求書があります。審査庁に**審査請求書**が提出されると，審理員はその写しを処分庁や不作為庁に送ります。すると，処分庁などは**弁明書**を提出します。その名のとおり，「どうしてそのような処分をしたのか」，「どうしてまだ処分ができないのか」についての弁明を記載した書面です。そして，この弁明書を審査請求人に送ります。審査請求には弁明書に対する反論を書いた**反論書**を提出することができます。反論書が出てきたら，これを処分庁などに送ります。

審理員の下には，審査請求書，弁明書，反論書の書面が集まるわけですから，こうした書面を見ながら審理を進めることになります。

弁明書

行政不服審査法での弁明書のほかに，行政手続法の軽い不利益処分について行われる弁明の機会の付与というのがありますが，そこで提出される弁明を記載した書面も弁明書と呼ばれています。

審査請求人などの権利

審査請求人や参加人は証拠書類や証拠物を提出することができます。

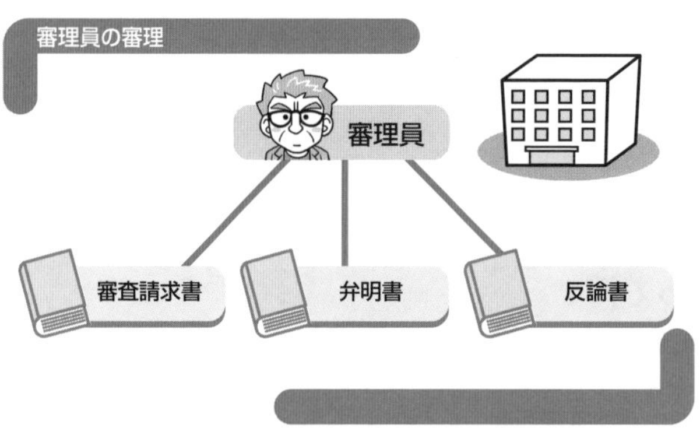

審査請求は書面でしか行えないの？

審査請求は，審査請求書を提出して行うのが原則なのですが，法律や条例で口頭でも可能としている場合には口頭でもできます（法19条１項）。

審理は書面だけで行うの？

書面審理が原則ですが，審査請求人や参加人の申立てがあった場合には，審理員は口頭で意見を述べる機会をあたえなければなりません（法31条）。

少し，プロっぽいことをお話しすると，審査請求において審理員の審理は**職権探知主義**で行う特徴があります。職権探知主義というのは，当事者にすべてを任せることはせず，職権で事実を調べようとする審理態度のことです。たとえば，

審職権探知主義

取消訴訟では「職権証拠調べ」にとどまります。当事者が主張することについて，足りない証拠を調べるのが「職権証拠調べ」です。「職権探知主義」ではさらに進んで，当事者が主張していない事実についても証拠を収集して調べるのです。

証拠についても当事者が提出したものだけでなく，審理員がいろいろと職権で集めて，事実を探ろうとします。

裁決の種類にはどんなものがあるの？

審査請求の結果を**裁決**といいますが，裁決の種類は取消訴訟の判決の種類と同じです。まず，要件を満たしていない場合には**却下裁決**となります。

内容の審理に進んでも，主張が認められないときには**棄却裁決**がされます。主張が認められるのが**認容裁決**です。認容裁決の場合，審査庁が処分庁・上級行政庁であるか，そうでないかで効果が少し違います。たとえば，処分を例にとると，審査庁が処分庁やその上級行政庁の場合には，取消しだけでなく，処分を変更することもできるのです。「免許の取消しをしたけれど，たしかに少し厳しすぎたかもしれないなぁ，免許の停止にしておくか」といった感じです。自分が行ったこと，また，部下の行政庁（下級行政庁）が行ったことなので，変更まで可能となるのです。

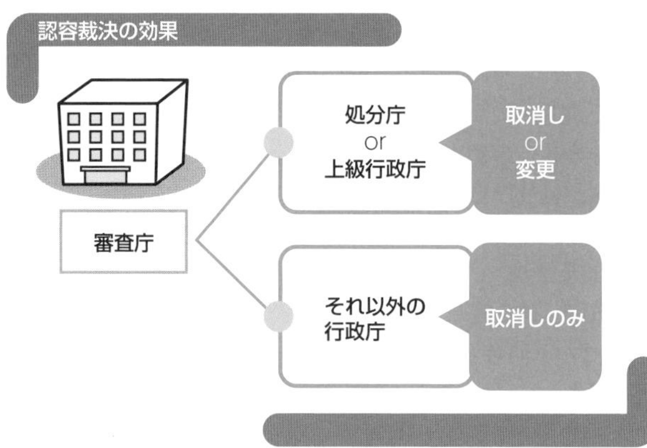

また，裁決についても**事情裁決**があります。主張が正しいのだけれど「大人の事情」で棄却する裁決のことです。この場合，審査庁は，裁決の主文で，当該処分が違法又は不当であることを宣言しなければなりません（法45条3項）。取消訴訟の事情判決のようなものです。

裁決

再審査請求の結果も「裁決」といいますが，再調査の請求の結果は「決定」です。

大人の事情

「お前のいうことはよく分かるが，もうあのことは決まったんだよ」。こうした大人の事情的な理由により，棄却されるのが事情裁決です。たとえば，土地の収用手続に問題があったが，すでにその部分の工事が完成しているような場合です。だからといって，泣き寝入りしろというわけではなく，損害賠償を請求することはもちろん可能です。

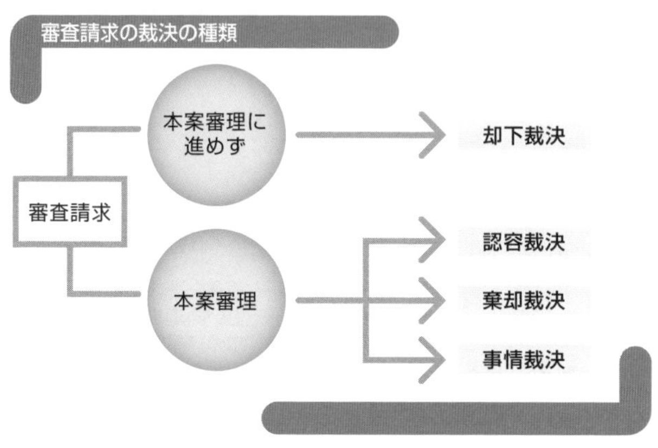

審査請求でも執行停止ってあるの？

・執行不停止の原則

審査請求でも執行停止の制度はあります。取消訴訟の場合の執行停止と比べながら見ていきましょう。

まず，**執行不停止が原則です**。審査請求がある度に執行停止していると，行政が混乱してしまいますし，嫌がらせで審査請求するなんて人も現れるかもしれません。

ただ，それでも執行停止の制度が置かれています。執行停止には，処分の効力の停止，処分の執行の停止，手続の続行の停止があります。また，審査庁が処分庁自身である場合や処分庁の上級行政庁である場合には，それに加えてその他の措置をとることもできます（法25条２項）。一番重い，処分の効力の停止は，それ以外の措置で目的を達成することができる場合にはすることができません（同条６項）。これは取消訴訟の執行停止の場合と同じです。

審査庁が処分庁のときの執行停止

再調査の請求のときにも執行停止ができ，審査庁が処分庁のときの執行停止の規定が準用されます（法61条）。

・２つの執行停止

審査請求での執行停止の特徴は，**任意的執行停止**と**義務的執行停止**があることです。その名のとおり，任意的執行停止は「執行停止することができる」というものです。審査庁が必要を認めて執行停止するものです。審査庁が処分庁自身やその上級行政庁の場合には，申立てを受けた場合だけでなく，職権で執行停止を行うこともできます。

義務的執行停止は，申立てを受けて，一定の要件が揃えば執行停止しなければならないという場合です。法25条４項には「処分，処分の執行又は手続の続行により生ずる重大な損害を避けるために緊急の必要があると認めるときは，審査庁は，執行停止をしなければならない」とあります。ただ，この場合にも，公共の福祉に重大な影響を及ぼすおそれがあるときや本案について理由がないとみえるときは，できません。

職権で

「申立てがなくても，審査庁自らの判断で」というのが「職権で」の意味です。

任意的執行停止と義務的執行停止

任意的執行停止		義務的執行停止
・審査庁が処分庁又は上級行政庁の場合 ⇒申立て又は職権 ・審査庁が上記以外の場合 ⇒申立て（処分庁の意見を聴く）	きっかけ	申立て
必要があると認める場合	要件	重大な損害を避けるために緊急の必要があると認めるとき （できないとき） ・公共の福祉に重大な影響を及ぼすおそれがあるとき ・本案について理由がないとみえるとき

審査請求での執行停止

取消訴訟の場合と異なり，内閣総理大臣の異議の制度はありません。また，任意的執行停止と義務的執行停止に分かれています。これも審査請求の場合だけです。

取消訴訟の場合の執行停止との違いは何？

取消訴訟の場合には「重大な損害を避けるため緊急の必要があるとき」に執行停止をすることができると規定しています。裁判所が行政の活動をストップさせるのですから，審査請求については義務的とされる場合も「できる」として，いろいろな要素を踏まえて裁判所が判断するようにしたのです。

なにより大きな違いは，取消訴訟の場合の執行停止にある内閣総理大臣の異議の制度がないことです。いわば，行政と司法との調整のために設けられた規定なわけですから，行政機関が審査庁になる場合には，そもそも行政としての判断であり置かれていないのです。

教示の制度はあるの？

教示の制度は行政不服審査法にもあります。再調査の請求も含めて，不服申立てをすることができる処分を書面でする際には，処分の相手方に，①不服申立てをすることができる旨，②不服申立てをすべき行政庁，③不服申立てをすることができる期間を書面で教示しなければなりません（法82条1項）。

また，教示の制度は利害関係人との関係でもあります。利害関係人から，①～③について教示を求められた場合には，その事項を教示しなければなりません（同条2項）。書面で教示するよう求められたら書面で教示する必要もあります。

処分を書面でする際

口頭で処分を行う際には教示義務はありません。口頭で行うような処分は軽い処分だからです。

誤った教示をしたときの救済措置はあるの？

「ミスはつきもの」なんていいますが，行政庁が誤った教示をすることもあるかもしれません。行政不服審査法はそうしたときの救済について規定しています。表にまとめると以下のようになります。

誤った教示と救済措置

	誤った教示に従って不服申立てをしたときの救済
教示をしなかったとき（法83条1項）	⇒処分庁に不服申立書を提出することができる
誤った「審査庁」を教示をしたとき（法22条1項）	⇒審査請求書を正しい審査庁に送って，不服申立てをした人にそのことを通知する
再調査の請求ができない処分について，誤って再調査の請求ができると教示したとき（法22条3項）	⇒再調査請求書を正しい審査庁に送って，不服申立てをした人にそのことを通知する

できない場合に，「再調査の請求ができる」と誤って教示をしても，再調査の請求ができるようになるわけではありませんので注意が必要です。

なお，誤った教示に従って不服申立てしたときでは，正しい審査庁に審査請求書が送付されたら，初めから審査庁となるべき行政庁に審査請求がされたものとみなしてくれます。不服申立期間との関係でも救済してくれるというわけです（法22条5項，83条5項）。

「6-3　審査請求の審理手続と裁決」のまとめ

▶審査請求書が提出されると，審査庁は所属する職員のうちから審理員を指名します。

▶審理員は，審査請求書のほか，弁明書，反論書などの書面を通じて審理します。

▶審理員は審理員意見書を審査庁に提出します。

▶審査庁は審理員意見書の提出を受けたら，行政不服審査会（地方公共団体にあっては条例で定める審議会など）に諮問します。

▶審査請求での裁決は，却下，棄却，認容のほか，事情裁決があります。

▶審査請求においても執行停止や教示の制度があります。

問題17　行政不服審査法　国家専門職

行政不服審査法に関する次の記述のうち，妥当なのはどれか。

1. 平成26年に全部改正された行政不服審査法は，異議申立てを廃止し，不服申立類型を原則として審査請求に一元化した。また，審査請求は，原則として，処分庁又は不作為庁に対して行うこととされた。
2. 処分についての審査請求は，処分の法的効果の早期安定を図る見地から，やむを得ない理由がある場合を除き，処分があったことを知った日の翌日から3か月以内又は処分があった日の翌日から6か月以内に審査請求期間が制限されている。
3. 再調査の請求は，処分庁以外の行政庁に対して審査請求をすることができる場合において，個別法に再調査の請求をすることができる旨の規定があるときにすることができるが，原則として，再調査の請求をすることができる場合には審査請求をすることができない。
4. 行政庁は，不服申立てをすることができる処分を書面又は口頭でする場合は，処分の相手方に対し，当該処分につき不服申立てをすることができる旨並びに不服申立てをすべき行政庁及び不服申立てをすることができる期間を書面で教示しなければならない。
5. 審査請求は，他の法律(条例に基づく処分については，条例)に口頭ですることができる旨の定めがある場合を除き，審査請求書を提出してしなければならない。

解答

1　妥当ではない。前半は正しいですが，「また」以下が誤りです。審査請求は，原則として，処分庁や不作為庁の最上級行政庁に対して行うこととされています（法４条)。

2　妥当ではない。客観的審査請求期間に誤りがあります。処分があった日の翌日から起算して１年以内です（法18条２項)

3　妥当ではない。前半は正しいですが，「原則として」以下が誤りです。再調査の請求を経たあとに審査請求をすることは可能です（法５条２項)。

4　妥当ではない。教示は書面でする処分についてのみ問題となります（法82条１項)。

5　妥当です。法19条１項のとおりです。

正解　5

問題18　行政不服審査法　地方上級

行政不服審査法に関する次の記述のうち，妥当なものはどれか。

1．財務大臣が主任の大臣である場合には，別段の法律の定めがない限り，財務大臣に対して再調査の請求を行う。

2．再調査の請求と審査請求がともにできる場合には，再調査の請求における決定を受けてからでなければ，審査請求をすることができない。

3．再審査請求は，処分に関する法律に再審査請求ができる旨の定めがある場合に限り，することができる。

4．審査庁となるべき行政庁は，審査請求がその事務所に到達してから裁決をするまでに通常要すべき標準的な期間を定め，これを公にしておかなければならない。

5．審査庁となるべき行政庁は，審査員となるべき者の名簿を作成し，これを公にしておかなければならない。

解答

1　妥当ではない。財務大臣が主任の大臣である場合には，別段の法律の定めがない場合，財務大臣に審査請求することができます（法４条１項)。

2　妥当ではない。再調査の請求と審査請求を両方ともしようとする場合には，先に再調査の請求をしなければ審査請求はできません。しかし，どちらもできる場合に，再調査の請求を経ないで審査請求することはできます（法４条２項)。

3　妥当です。法６条１項のとおりです。
4　妥当ではない。標準審理期間を定めることは努力義務として定められています（法16条１項）。
5　妥当ではない。名簿の作成は努力義務として定められています（法17条）。

正解　3

問題19　行政不服審査法に規定する審査請求　特別区

行政不服審査法に規定する審査請求に関する記述として，妥当なのはどれか。

1. 審査請求がされた行政庁は，審査庁に所属する職員のうちから審理手続を行う者である審理員を指名しなければならず，審査請求が不適法であって補正することができないことが明らかで，当該審査請求を却下する場合にも審理員を指名しなければならない。
2. 審査庁となるべき行政庁には，審理員となるべき者の名簿の作成が義務付けられており，この名簿は，当該審査庁となるべき行政庁及び関係処分庁の事務所における備付けにより公にしておかなければならない。
3. 審査請求をすることができる処分につき，処分庁が誤って審査請求をすべき行政庁でない行政庁を審査請求をすべき行政庁として教示した場合，その教示された行政庁に書面で審査請求がされたときは，当該行政庁は審査請求書を審査請求人に送付し，その旨を処分庁に通知しなければならない。
4. 処分庁の上級行政庁又は処分庁である審査庁は，必要があると認める場合には，審査請求人の申立てにより執行停止をすることができるが，職権で執行停止をすることはできない。
5. 審査請求人，参加人及び処分庁等並びに審理員は，簡易迅速かつ公正な審理の実現のため，審理において，相互に協力するとともに，審理手続の計画的な進行を図らなければならない。

解答

1　妥当ではない。審査請求の審理が行われないのですから，審理員を指名する必要はありません（法24条１項）。
2　妥当ではない。法17条により誤りです。名簿の作成は義務ではなく努力義務です。また，「備付けその他の適当な方法により公にしておかなければならない」とあるので，公開の方法は備え付けの方法に限定されるわけではありません。
3　妥当ではない。審査請求書を本来の審査庁に送付し，その旨を審査請求人に通知します（法22条１項）。

4　妥当ではない。処分庁や処分庁の上級行政庁が審査庁であるときには，職権で執行停止ができます（法25条2項）。

5　妥当です。法28条のとおりです。

正解　5

第7章

国家賠償と損失補償

国や地方公共団体の行為による損害の穴埋め

この章では国家賠償と損失補償について学びます。賠償というのは，違法な行為によって生じた損害の穴埋めを意味しています。国や地方公共団の賠償については国家賠償法が定められています。この章でその規定をみていきます。

一方，損失補償というのは，適法な行為によって生じた損害の穴埋めです。損失補償については国家損失法というような法律はありませんが，その考え方の基本について学んでいきます。

7-1　国総 ★★★　国般 ★★★　地上 ★★　市役所 ★★★

国家賠償法ってどんな法律なの？

～国家賠償法の目的や位置付け～

国家賠償法は，国や地方公共団体が与えた損害（適法な行為に基づく損害を除く）の賠償に関する法律です。この法律の根拠は憲法17条にあります。国家賠償法は６条しかないコンパクトな法律です。**１条は人（公務員）が与えた損害について，２条は物（公の営造物）が与えた損害について規定しています。**国家賠償法はツンデレ法です。条文上はさまざまな要件を課して「ツンツン」していますが，被害者をできるだけ救済したいと考えています。ですから，そう解釈しなければなりません。

公の営造物

いわゆる公物のことです。のちほど法２条のところ（7- 3）で詳しく解説します。

解釈

国家賠償法の解釈は判例を通じて学びます。

国家賠償法

法律の名前は国家賠償法ですが，地方公共団体が与えた損害も対象となります。

なぜ，国家賠償法という法律が定められたの？

憲法17条の内容を実現したのが国家賠償法です。憲法17条には「何人も，公務員の不法行為により，損害を受けたときは，法律の定めるところにより，国又は公共団体に，その賠償を求めることができる」とあります。

では，どうしてこんな規定がわざわざ憲法に置かれたのでしょうか。それは明治憲法の下では国家は誤りを犯さない存在とされ，たとえ，国の行為により国民が被害を被ったとしても，賠償されなかったのです。これを**国家無答責の原則**といいます。こうした歴史があるからこそ，国民が主権者となった現在の憲法では憲法17条を置き，賠償のルールなどを国家賠償法という法律で明らかにしています。

損失補償が必要となりそうな法律

損失補償が必要な法律として土地収用法があります。公共事業のために土地を収用する(買ったり，使ったりする)ための法律ですが，当然，権利制限される者に対する損失補償が問題になりますので必要な規定が置かれています。

賠償と補償はどう違うの？

国家賠償も損失補償も国や地方公共団体の行為によって，損害を被った国民の被害を穴埋めすることです。ただ，**賠償は，違法な行為によって生じた損害の穴埋めを意味し，損失補償は適法な行為によって生じた損害の穴埋めを意味してい**

ます。「お金で解決しようとして！」などと，ときには非難めいていわれることもありますが，金銭での損害の穴埋めは国民にとって大事な救済方法なのです。

なお，国家賠償法については，賠償のルールなどを定めた一般法である国家賠償法があります。しかし，損失補償についてはそうした一般法がありません。損失補償が必要となりそうな法律に根拠規定が置かれることが普通です。

国家賠償法は6条だけの法律だけど，それで足りるの？

国家賠償法は６条だけの法律です。こんな少ない条文で大丈夫なの？という気がします。しかし，大丈夫なのです。それは足りないところは民法の規定などでカバーしているからです。民法では故意や過失によって他人に損害を与えたときに，加害者が被害者に損害賠償しなければならないとする不法行為に関する規定が置かれています。この規定などをベースにしながら，足りないところ，特殊なところを規定したのが国家賠償法というわけです。

国家賠償法の位置付け

国家賠償法は民法の不法行為の部分の特別法といえます。

民法との関係①

国家賠償法は民法の不法行為の規定をベースにして特別な規定を置いたものです。民法が一般法，国家賠償法が特別法のイメージです。

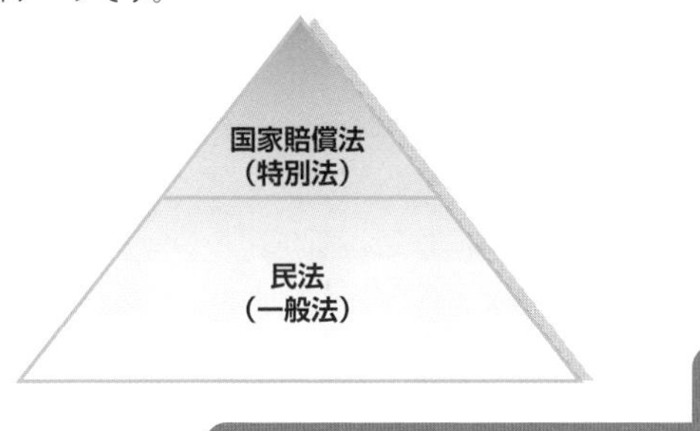

国家賠償法ではどんなことが定められているの？

先ほど説明したように，国家賠償法１条は人（公務員）が与えた損害について，２条は物（公の営造物）が与えた損害について規定しています。ツンデレ法だといいましたが，国家賠償法の最大のやさしさが「国又は公共団体が，これを賠償する責に任ずる」としているところです。これは１条，２条とも共通する条文の締めの部分です。

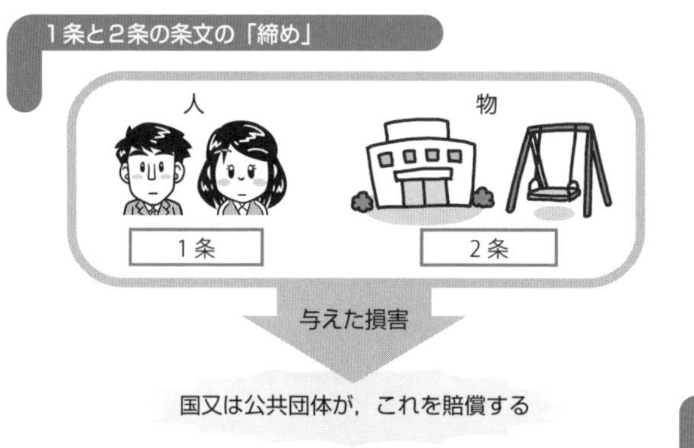

国や地方公共団体の責任

国や地方公共団体がなぜ責任を負わなければならないのか？　それをどのように法的に説明するのか？　という問題があります。7-2で解説します。

民法の原則からすれば，加害者がいる場合に被害者はその加害者に損害を賠償請求することになります。しかし，加害者の資力が不十分だと，被害者の救済は十分に行われません。そこで，賠償責任は国や地方公共団体が負うとしたのです。こうすれば被害者は確実に救済されます。

さらに，国家賠償法では，国や地方公共団体が賠償した際の加害者への求償に関することや，民法などの規定との整理，外国人への適用について条文を置いています。

求償

賠償した額について原因を作った者に請求することです。

外国人は国家賠償法の救済を受けられるの？

すべての外国人が国家賠償法による救済を受けられるわけではありません。国家賠償法（以下，この章では「法」といいます。）６条には「この法律は，外国人が被害者である場合には，相互の保証があるときに限り，これを適用する」とあります。「もし日本人がその国で国家賠償法１条，２条のような救済が認められているような国の人なら対象としましょう」という趣旨です。これを**相互保証主義**といいます。

国家賠償法ってどうやって学ぶの？

国家賠償法は6条しかありません。しかも，ツンデレ法なので，国家賠償法の趣旨は条文だけでは理解できないことになります。そのため，**国家賠償法の条文について解釈した判例は非常に重要です**。公務員試験においても，「この文言の意味はこうだよ」と解説する判例が繰り返し出題されているのです。条文を横目で見ながら判例を学習する。そこが公務員試験での国家賠償法の学び方なのです。

民法などの法律と国家賠償法との関係はどんな関係なの？

国家賠償法で足らない規定は民法の規定を補って解釈することになります。簡単にいえば，民法が一般法で国家賠償法が特別法ということになります。法４条の規定はそういう意味です。

国家賠償法

第４条　国又は公共団体の損害賠償の責任については，前３条の規定によるの外，民法の規定による。

ところが，次の第５条の意味はどう解釈すればいいのか少しやっかいです。

第５条　国又は公共団体の損害賠償の責任について民法以外の他の法律に別段の定があるときは，その定めるところによる。

併せ読みして解釈すると，まず，国や地方公共団体の賠償責任について別段の定めがあればそれが適用され，そして，国家賠償法が適用され，足りないところは民法が適用されるというようになります。先ほどの図に追加するとこんな感じになります。

相互保護主義

すべての外国人を日本人と同様に扱う「内外人平等主義」をとることも可能でしたが，損害賠償請求できない国の国民まで進んで保護することはないのではないかとの議論があり，相互保護主義に落ち着きました。

民法との関係②

国などの賠償責任について別段の定めがあれば，まず，その規定が優先し，次に国家賠償法が，そして，足りないところは民法の不法行為の規定が適用されます。

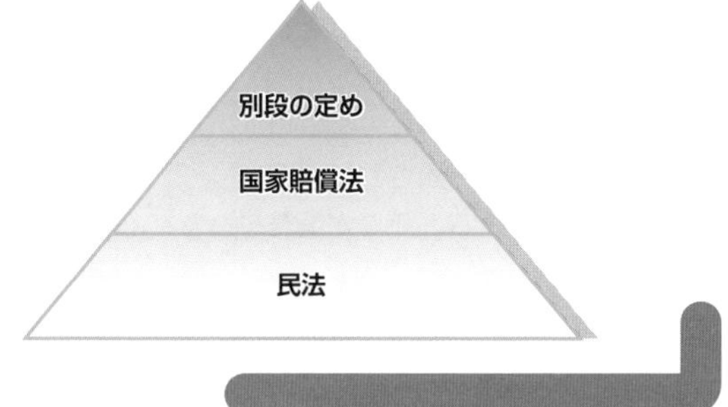

さらにやっかいなことをいいます。この４条と５条の解釈は判例を通じて行われていますが，判例は４条にいう民法には，民法に非常に近い特別法（民法附属法）も「民法」として読むべきとしています。「非常に近い」という判断は，民法がそうであるように一般の人みんなに適用されるルールであるかで判断できると考えているようです。

公務員試験でも出題される判例で説明しましょう。

消防職員が消火活動をして残り火がないか点検して引き上げたのですが，残り火があり再び出火したという事件がありました。

この場合，公務員に「過失」があるとして，所属する地方公共団体に賠償請求ができそうな感じがします。しかし，民法附属法である失火責任法では，失火については重大な過失があるときしか責任を負わないと規定しています。

この事件をめぐる裁判では，国家賠償法が適用されるのか，失火責任法が適用されるのかが問題となりましたが，失火責任法が適用され，消防職員の所属する地方公共団が責任を負うためには消防職員に重過失が必要であるとしました（最判昭 53・７・17）。「国家賠償法４条は，同法１条１項の規定が適用される場合においても，民法の規定が補充的に適用されることを明らかにしているところ，失火責任法は，失火者の責任条件について民法709条の特則を規定したものであるから，国家賠償法４条の「民法」に含まれると解す」とした上で，「国家賠償法４条により失火責任法が適用され，当該公務員に重大な過失のあることを必要とするものといわ

民法附則法

何が民法附属法となるかについては判例や学説でバラツキがありますが，自賠責法や失火責任法などの名を挙げることができるでしょう。

民法709条

「故意又は過失によって他人の権利又は法律上保護される利益を侵害した者は，これによって生じた損害を賠償する責任を負う」（民法709条）

なければならない」としたのです。国家賠償法１条は公務員についての民法の特例です。しかし，失火責任法は私人一般のルールとして民法附属法として定めているので「動かせない」と考えたのでしょう。

では５条の「別段の定め」というのは何かということになりますが，民法附属法以外に公務員の賠償に関する特別法があればそれが当たるということになります。３度目で恐縮ですが，先ほどの図の完成形はこうなります。

取消訴訟を起こさないと国家賠償請求できないの？

国家賠償請求をするために先に取消訴訟を起こしておく必要はありません。たとえば，違法な許可の取消しで損害を被ったとします。この場合，許可の取消しを取消してもらっても，その間の損害が生じているかもしれません。つまり，取消訴訟と国家賠償請求はどちらかを選ぶようなものではなく，必要なら両方の訴えを起こすことができます。

また，「今さら許可なんてどうでもいい」と国家賠償請求だけ行う場合もあるはずです。こうしたときには，取消訴訟を起こす必要はないのです。

取消訴訟と国家賠償請求

「取消訴訟等の手続を経るまでもなく，国家賠償請求を行い得るものと解すべき」とした判例（最判平22・6・3）もあります。

「7-1 国家賠償法ってどんな法律なの？」のまとめ

▶６条しかありません。１条は人（公務員）が与えた損害について，２条は物（公の営造物）が与えた損害について規定しています。

▶最大の特徴は被害者との関係で，賠償責任を国や地方公共団体が負うとされているところです。

▶国家賠償法は民法の特別法的な位置付けになります。

▶外国人との関係では相互保証主義をとっています。

▶条文の文言の解釈は主に判例を通じて学びます。

7-2　国総 ★★★　国般 ★★★　地上 ★★　市役所 ★★★

国家賠償法１条

～「人＝公務員」が与えた損害の賠償～

国家賠償法１条は「人=公務員」が与えた損害に対する賠償が規定されています。この条文の解釈を判例などを通じて，読み解いていくことにしましょう。

１条の条文にはどう書いているの？

国家賠償法１条１項の条文は次のようなものです。対象となる公務員や行為にいくつもの要件が課されています。なんだか適用されるためにはハードルが高いような感じがしますが，実際はそうでもありません。一つひとつ要件を読み解いていきましょう。

国家賠償法

第１条　国又は公共団体の公権力の行使に当る公務員が，その職務を行うについて，故意又は過失によつて違法に他人に損害を加えたときは，国又は公共団体が，これを賠償する責に任ずる。

２　略

「公権力の行使に当る公務員」の「公権力の行使」ってどんなこと？

国家賠償法１条１項では「公権力の行使に当る公務員が」という表現が出てきます。この「公権力の行使」という表現，どこかで見たような気がします。そうです，取消訴訟です。行政事件訴訟法３条２項では「行政庁の処分その他公権力の行使に当たる行為」を処分の取消訴訟の対象としています。

ただ，この「公権力の行使」に当たる行為かどうかは処分性の問題として，いろいろな分析をしたことを覚えているはずです。ところが，国家賠償法では取消訴訟とは異なる意味で

取消訴訟の対象

取消訴訟を公定力からの脱出口としてとらえているので，公定力が発生する処分を対象としているのです。それを「公権力の行使」という表現で表しているのです。

使っています。

まず，立法や司法の作用にも及びます。さらに国家賠償法はツンデレ法であることを思い出してください。条文はいかにも対象を限定しているようですが，できるだけ被害者を救済したいと考えています。**行政の行為のうち，私経済作用と2条でカバーする部分を除いたものを対象としているのです。**権力的な行政だけを対象としたのでは，憲法17条の規定の趣旨を実現できないと考えてのことです。

立法や司法の作用にも及びます

行政行為（処分）以外の行政の行為を含めていることも，さらに行政以外の行為（作用）も対象としているところも国家賠償法の特徴です。

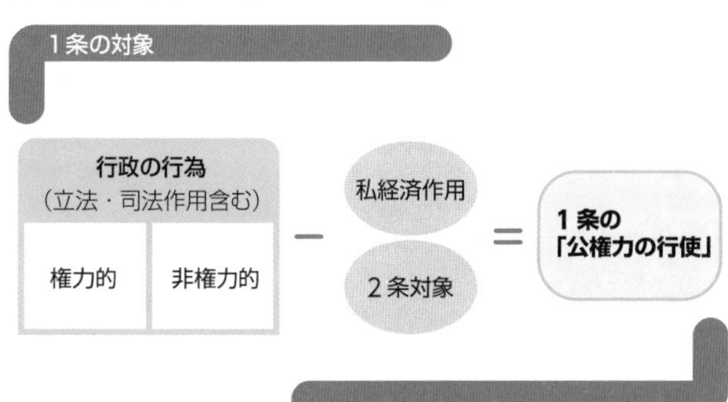

私経済作用というのは，行政の活動のうち民間（私人）と同じ立場で行っているものをいいます。たとえば，公立病院や市営地下鉄などはその例です。医療過誤があった場合，民間病院なら民法で，公立病院の場合には国家賠償法で対処するというのはしっくりきません。

私経済作用

私経済的活動などと表現されることもあります。民間と同じ立場を行っている活動のことです。

そのため私経済作用は国家賠償法1条の対象から除いたのです。また，法2条で対象にできるものがあれば1条から除く整理もしています。「公権力の行使」に関する判例には次のようなものがあります。

- 国家賠償法1条1項にいう「公権力の行使」には，公立学校における教師の教育活動も含まれる（最判昭 62・2・6）。
- 課外のクラブ活動であっても，それが学校の教育活動の一環として行われるものである以上，その実施について，顧問の教諭を始め学校側に，生徒を指導監督し事故の発生を未然に防止すべき一般的な注意義務のあることを否定することはできない（最判昭 58・2・18）。

「公権力の行使に当る公務員」の「公務員」ってどんな人？

国家賠償法は国ばかりでなく地方公共団体も対象としていることはお話ししました。ということは，公務員とあるのは国家公務員ばかりでなく地方公務員も含むことになります。さらにいえば，公務員という身分を持っていない者も「公権力の行使」を任されている場合には国家賠償法１条１項の公務員に含まれるのです。

少し説明が必要です。たとえば，建物が建築基準法に適合しているかどうかの確認は建築主事という公務員が行うのですが，それを知事などが民間の機関に任せる場合があります。この任された確認検査機関による確認事務は，建築主事による確認事務の場合と同様に，地方公共団体の事務とする判例（最決平 17・6・24）があります。つまり，確認検査機関の職員も国家賠償法１条１項でいうところの公務員というわけです。

また，児童福祉法の措置に基づき社会福祉法人の設置運営する児童養護施設に入所した児童を養育監護する施設の長や職員は，公権力の行使に当たる公務員に当たるとする判例（最判平 19・1・25）もあります。

建築主事

建築主事が建築確認をするのですが，代わりに確認検査機関に確認してもらうこともできます。

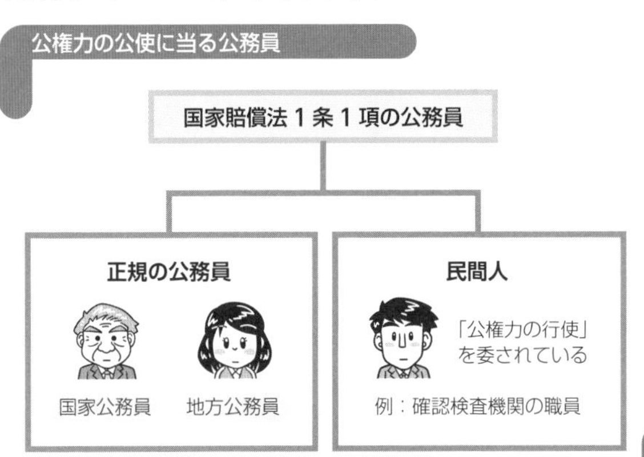

どの公務員が与えた損害かハッキリ分からないといけないの？

公務員が与えた損害について，賠償を求めるためには「誰がその損害を与えたか？」ということがハッキリ分からないといけないでしょうか。答えはNOです。

こんな事例があります。

ある税務署員が毎年税務署での健康診断で胸のレントゲン撮影を行っていましたが，問題があるという通知を受け取ったことはありませんでした。ところがある年，健康診断で肺結核が見つかりました。遡って昨年のレントゲン写真を見ると，初期の結核の影があることが分かりました。長期療養を余儀なくされた税務署員は，国家賠償訴訟を起こしました。ただ，医師が写真を読み違えたのか，税務署の担当職員がとるべき必要な措置を怠ったのかなど「放置」された原因は結局分かりませんでした。

この場合において，最高裁は「国又は公共団体は，加害行為不特定の故をもつて国家賠償法又は民法上の損害賠償責任を免れることができない」と述べています（最判昭 57・4・1）。

最判昭 57・4・1

「一連の行為のうちのいずれかに行為者の故意又は過失による違法行為があつたのでなければ右の被害が生ずることはなかつたであろうと認められ，かつ，それがどの行為であるにせよこれによる被害につき行為者の属する国又は公共団体が法律上賠償の責任を負うべき関係が存在するとき」との前提がついています。

「その職務を行うについて」を詳しく教えて？

国家賠償法では，公務員が私生活で損害を与えた場合を対象にするわけにはいきません。それが「その職務を行うについて」の意味です。ただ，その職務が本当にその公務員の職務かどうかは国民からは分からない場合もあります。

古い話ですが，非番の警察官が制服を着て通行人から所持金を奪い，被害者を拳銃で射殺するという事件がありました。強盗はもちろん警察官の仕事ではありません。しかし，被害者からすれば警察官としての職務中と思ったことでしょう。

この事件で最高裁は以下のように述べて，遺族からの国家賠償請求を認めました（最判昭 31・11・30）。こうした考え方を**外形標準説**といいます。外形を基準にして「職務を行う」を判断する考え方です。

外形標準説

本人の主観的意図とは関係なく，客観的に判断しようとしているのです。

・客観的に職務執行の外形をそなえる行為をしてこれによつて，他人に損害を加えた場合には，国又は公共団体に損害賠償の責を負わしめて，ひろく国民の権益を擁護する（最判昭31・11・30）

「故意又は過失によつて違法に」というのはどういう意味？

・「故意又は過失によって」の意味

故意は「わざと」と，過失は「うっかり」と置きかえることができます。わざとや，うっかりミスで違法に他人に損害を与えたときに国家賠償法１条が対象になると条文は述べています。まずは「故意又は過失によつて」という部分を考えてみましょう。

これは意外に判定が難しいのです。故意にしても，過失にしても人の心のなかを覗いてみないと分からないからです。特に「うっかり」は難しい問題を抱えています。「しっかり者のA君」と「普段からうっかり者のB君」を考えてみましょう。同じ行為をしたとしても，A君なら「うっかりしていた」と判断できるかもしれませんが，B君の場合にはそもそもうっかり者なのですから「うっかり」判定はできないかもしれません。

そのため過失は，一般に「その職務を行うについて求められている注意義務（職務義務）」を想定して，それに違反した場合と考えた方がよいだろうとされています。こうすれば，注意深い人も注意深くない人も同じ基準で判断することが可能となります。こうした考え方を**職務行為基準説**といいます。

結果として裁判で無罪となった者が，警察と検察官による逮捕，勾留，起訴が違法であったと損害賠償を求めましたが，「起訴時あるいは公訴追行時における各種の証拠資料を総合勘案して合理的な判断過程により有罪と認められる嫌疑があれば足りる」と述べました（最判昭 53・10・20）。これも結果違法説ではなく，職務行為標準説をとったものと考えられます。

結果違法説

違法な結果が生じた場合にはその原因となった行為を違法とする考え方のことです。

・「違法に」の意味

次は「違法に」の方の問題です。こちらは法令違反をいうのですから，判別に問題ないように思います。ところがそうでもないのです。公務員がすべきことがすべて法令にルールとして書かれているかといえばそうではありません。

交通違反などを犯した車両を見つけたら警察官はその車に停車を求めますが，それに従わず違反車両が逃走したとします。もちろん，警察官はパトカーなどで追跡することでしょう。ところが，この追跡方法を定めたルールというのは法令としては存在しません。

パトカーが違反車両を追跡中に，逃走車両が第三者に被害を与えた事例で，警察官の追跡が違法であったなどとして県に賠償請求した事例ではまさにこのことが問題となりました。最高裁は次のように述べました。

> 行為が違法であるというためには，右追跡が当該職務目的を遂行する上で不必要であるか，又は逃走車両の逃走の態様及び道路交通状況等から予測される被害発生の具体的危険性の有無及び内容に照らし，追跡の開始・継続若しくは追跡の方法が不相当であることを要するものと解すべきである（最判昭 61・2・27）。

特殊な公務員である国会議員について「違法となるかどうかは，国会議員の立法過程における行動が個別の国民に対して負う職務上の法的義務に違背したかどうかの問題」とした判例もあります（最判昭60・11・21）。こうしたことを考えると，「故意又は過失によつて違法に」というのは，一般的に職務義務違反を指しているものと理解することができそうです。

普通の公務員ではない国会議員や裁判官などの行為にも違法というのはあるの？

たしかに，公務員といっても，国会議員や裁判官といった特殊な公務員については，そもそも職務義務というものがみつけにくいかもしれません。

上で紹介した国会議員に関する判例（最判昭 60・11・21）は，在宅投票制度が廃止され，これを復活する立法措置がと

在外国民選挙権事件

在外国民の投票権を確保する法律案が内閣から提出されたものの，国会で廃案となり，その後10年に渡って，なんら立法措置がとられないということがありました。この事件では国家賠償請求が認められましたが，国会議員が行う立法行為（立法不作為）が違法となる場合について，昭和60年の判例より詳しく述べられています。

「立法の内容又は立法不作為が国民に憲法上保障されている権利を違法に侵害するものであることが明白な場合や，国民に憲法上保障されている権利行使の機会を確保するために所要の立法措置を執ることが必要不可欠であり，それが明白であるにもかかわらず，国会が正当な理由なく長期にわたってこれを怠る場合などには，例外的に，国会議員の立法行為又は立法不作為は，国家賠償法１条１項の規定の適用上，違法の評価を受けるものというべきである」（最大判平17・9・14）としているのです。

られなかったため選挙権の行使が妨げられたと起こされた国家賠償訴訟でした。この事件の判決では「国会議員の立法行為は，立法の内容が憲法の一義的な文言に違反しているにもかかわらず国会があえて当該立法を行うというごとき，容易に想定し難いような例外的な場合」にはその行為が違法の評価を受けるとしています。

国会議員の仕事が定形的でないにしろ，さすがにこうした場合は違法になるとしたのです。

裁判官に関しては，上訴などによって是正される内容の判決などを出してもそれは違法な行為とはいえないとした上で，「裁判官が違法又は不当な目的をもつて裁判をしたなど，裁判官がその付与された権限の趣旨に明らかに背いてこれを行使したものと認めうるような特別の事情がある」場合には違法となるとしています（最判昭 57・3・12）。これも納得でしょう。裁判官の行為といえども，違法や不当な目的を持って裁判をしたとなれば違法な行為であることは間違いありません。

「権限を行使しないこと」も違法な行為として問題になる？

知事が不良な宅建業者に対して業務停止や免許取消しなどの規制権限を行使しなかったことについて国家賠償訴訟が起こされたことがありました。この事件では「知事等に監督処分権限が付与された趣旨・目的に照らし，その不行使が著しく不合理と認められるとき」には，宅建業者の取引関係者に対する関係で国家賠償法１条１項の適用上違法の評価がされる可能性を述べています（最判平元・11・24）。

また，かって炭鉱で働き，じん肺にかかった患者たちが，鉱山保安法に基づく規制を怠ったことが損害の原因であるとして国家賠償を求めた訴訟がありました。この訴訟でも，じん肺法が制定されて以降，「鉱山保安法に基づく上記の保安規制の権限を直ちに行使しなかったことは，その趣旨，目的に照らし，著しく合理性を欠くものであって，国家賠償法１条１項の適用上違法というべきである」としています（最判平 16・4・27）。このように法令の趣旨や目的などに照らして，権限の不行使が合理性を欠くと認められる場合には違法となるとする判例がいくつか出ています。

上訴

判決や裁判所の決定について上級裁判所に行う不服申立てのことです。

最判昭59・1・19

あるスナックでナイフを見せて客を脅かしている者をスナックの支配人が警察に連行しました。支配人は同時に，取り上げたナイフを警察官に引き渡しましたが，警察官はナイフを持たせたまま，その者を帰宅させました。ところが，その者はナイフを持ったまま別なスナックにいた支配人を刺し，重傷を負わせました。

最高裁は「合理的に判断すると，同人に本件ナイフを携帯したまま帰宅することを許せば，帰宅途中右ナイフで他人の生命又は身体に危害を及ぼすおそれが著しい状況にあつたというべきであるから，同人に帰宅を許す以上少なくとも同法（銃砲刀剣類所持等取締法：著者注）24条の２第２項の規定により本件ナイフを提出させて一時保管の措置をとるべき義務があつたものと解するのが相当であつて，前記警察官が，かかる措置をとらなかつたことは，その職務上の義務に違背し違法であるというほかはない」（最判昭59・1・19）としています。

じん肺

粉塵（じん）を長く吸い続けることで発症する肺の病気のこと。

国などが賠償した場合には，加害公務員は何も責任を問われないの？

・求償できる場合

国家賠償法のしくみとして，被害者との関係では国や地方公共団体が賠償責任を負うことになっています。しかし，法1条でいえば被害を与えた公務員が存在するわけです。被害者が救済されることはいいことです。しかし，加害公務員が払うべき賠償を税金で肩代わりするのは納得できない気もします。

こうしたことから，加害公務員への賠償額を請求するしくみを定めています。これが**求償規定**です。法1条についても法2条についても原因を作った者に対する求償規定が置かれています。法1条でいえば2項がそれです。

国家賠償法

第1条　略

2　前項の場合において，公務員に故意又は重大な過失があつたときは，国又は公共団体は，その公務員に対して求償権を有する。

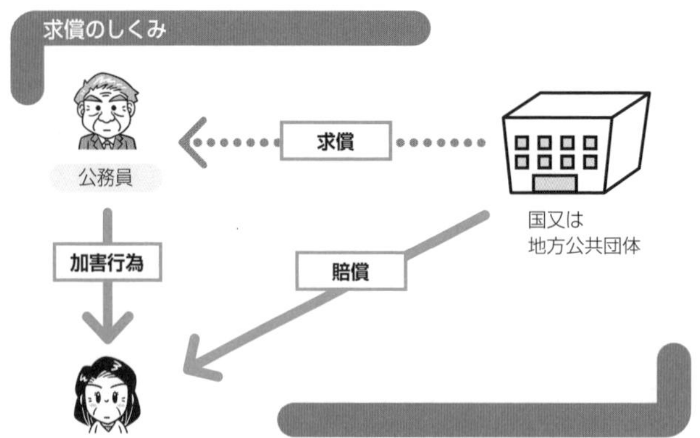

注目点は「故意又は重大な過失があつたとき」としているところです。軽過失の場合には加害公務員への求償はできません。求償を厳しく求めると，結果として公務員が萎縮してしまうからです。「攻めのミスなら俺が責任を取る」的な熱

血上司がいるものですが，この条文にもそんな意識が垣間見られます。

・個人の賠償責任などとの関係

また，国家賠償法に基づいて賠償を求めることができる場合，個人の賠償責任や使用者としての賠償責任との関係も気になります。判例（最判平 19・１・25）は「被用者個人が民法709条に基づく損害賠償責任を負わないのみならず，使用者も同法715条に基づく損害賠償責任を負わないと解する」としています。

また，国家賠償請求は「国または公共団体が賠償の責に任ずるのであつて，公務員が行政機関としての地位において賠償の責任を負うものではなく，また公務員個人もその責任を負うものではない」と述べて，**国家賠償請求ができるときには公務員個人を相手とする請求はできないとしています**（最判昭 30・４・19）。

使用者の賠償責任

民法で使用者責任といいます。民法715条１項には「ある事業のために他人を使用する者は，被用者がその事業の執行について第三者に加えた損害を賠償する責任を負う」とあります。使用者を使って収益をあげているのだから，責任も負うべきという考え方です。

公務員の監督者と給与の支払者が異なる場合，どちらが賠償責任を負うの？

公務員制度は複雑で，公務員の選任・監督を行っている者と，その者の給与を負担している者が異なる場合があります。身近な例を一つだけお話ししておくと，市（指定都市を除く）町村立の小学校，中学校の教員です。法律でこうした教員の給与は都道府県が負担します。選任も都道府県教育委員会が行います。しかし，仕事についての監督は誰がするかといえば市町村教育委員会ということになります。このとき，教員の違法な行為に対しての賠償は誰が負うことになるでしょうか。

法３条では，選任・監督を行う者と給与などを負担する者が異なるときには，どちらも賠償の責任を負うとしているのです。もちろん，２倍もらえるわけではありません。どちらかが賠償すれば，もう一方は責任を負わなくてよくなります。あとは，教員の場合ですと，都道府県と市町村で負担を調整する（賠償した方がもう一方に求償する）ことになります。

都道府県の給与負担

市町村の公立学校の教員の給与の都道府県負担については，市町村立学校職員給与負担法という法律に規定されています。

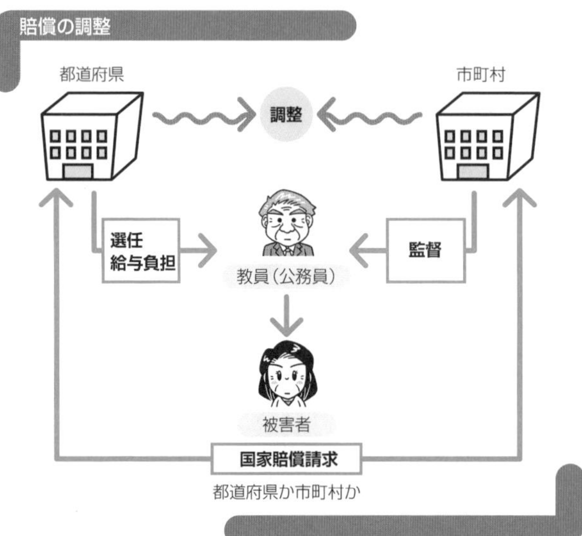

そもそも国家賠償法１条で国などが負う責任ってどんな性格のものなの？

法１条の責任をどう考えるかについては２つの説があります。**代位責任説**と**自己責任説**がそれです。代位責任説というのは，加害公務員に責任があることを前提にして，国や地方公共団体が代わって責任を負うしくみをつくったのが法１条と考えます。

自己責任説ではその名前のとおり「そもそも国や自治体の責任だから賠償するのだ」と考えます。公務員というのは国や自治体の手足です。その公務員のしたことについての責任は当然，国や地方公共団体にあると考えます。**代位責任説が通説となっています。**

代位責任説が通説

加害公務員への求償の規定があるのも代位責任説の方が説明しやすいです。

法１条の責任をめぐる説

通説　代位責任説		自己責任説
加害公務員に責任があるが国・地方公共団体が代って責任を負う	VS	公務員は国・地方公共団体の手足であり，国・地方公共団体が責任を負う

「7-2　国家賠償法１条」のまとめ

▶国家賠償法での「公権力の行使」では，行政の行為のうち，私経済作用と法２条でカバーできる部分を除いたものを広く対象としています。

▶正式に公務員という身分を持っていない者も「公権力の行使」を任されている場合には法１条１項の公務員に含まれます。

▶「職務を行うにつき」は外形標準説をもとに判断されます。

▶「故意又は過失によつて違法に」というのは，その職務について一般に果たすべき注意義務を果たしたかどうかを基準に判断されます。

▶「権限を行使しないということ」も違法な行為として問題になることがあります。

▶加害公務員が故意又は重過失の場合にはその公務員へ求償することができます。

▶法１条については代位責任説が通説です。

問題20　国家賠償法１条　市役所

国家賠償法１ 条に関する次の記述のうち，妥当なのはどれか。

1. 本条にいう公務員とは正規の公務員のみをいい，委託に基づいて事務の一部を引き受けている私人は含まれない。
2. 公務員が，もっぱら自己の利を図る目的で職務執行を装って加害行為を行った場合でも，本条は適用される。
3. 公務員の行為が，食中毒の防止のための食品の開示などのように公共の利益のためになされたものであれば，私人に損害が生じても違法とはならない。
4. 損害が，公務員による一連の職務上の行為の過程において生じた場合には，どの公務員の違法行為かが特定されなければ，国家賠償責任は生じない。
5. 国または公共団体が被害者に賠償する場合において，国または公共団体は，加害公務員に故意または重大な過失があっても，その者に求償はできない。

解答

1　妥当ではない。国家賠償法１条の公務員は正規の公務員に限られるものではありません。

2　妥当である。外形を基準にして「職務を行う」を判断する考え方を示した判例（最判昭 31・11・30）があります。

3　妥当ではない。たとえ，公共の利益のためであると思っても，法令に違反する行為なら当然，違法ということになります。

4　妥当ではない。一連の職務上の行為であることが明らかなら，必ずしも，どの公務員のどの行為が違法行為とされるのかを特定する必要はないとした判例（最判昭 57・４・１）があります。

5　妥当ではない。公務員に故意又は重過失があったときには求償は可能です（国家賠償法１条２項）。

正解　2

問題21　国家賠償法　特別区

国家賠償法に関するＡ～Ｄの記述のうち，最高裁判所の判例に照らして，妥当なものを選んだ組合せはどれか。

A. 第一次出火の際の残り火が再燃して発生した火災については，消防署職員の消火活動について失火ノ責任ニ関スル法律は適用されず，第一次出火の消火活動に出動した消防署職員に残り火の点検，再出火の危険回避を怠った過失がある以上，消防署職員の重大な過失の有無を判断することなく，国又は公共団体は，国家賠償法により損害を賠償する義務があるとした。

B. 市町村が設置する中学校の教諭がその職務を行うについて故意又は過失によって違法に生徒に損害を与えた場合，当該教諭の給料その他の給与を負担する都道府県が国家賠償法に従い当該生徒に対して損害を賠償したときは，当該中学校を設置する市町村が国家賠償法にいう内部関係でその損害を賠償する責任ある者であり，当該都道府県は，賠償した損害の全額を当該市町村に対し求償することができるとした。

C. 都道府県による児童福祉法の措置に基づき社会福祉法人の設置運営する児童養護施設において，国又は公共団体以外の者の被用者が第三者に損害を加えた場合であっても，当該被用者の行為が国又は公共団体の公権力の行使に当たるとして国又は公共団体が被害者に対して国家賠償法に基づく損害賠償責任を負う場合には，被用者個人のみならず使用者も民法に基づく損害賠償責任を負わないとした。

D. じん肺法が成立した後，通商産業大臣が石炭鉱山におけるじん肺発生防止のための鉱山保安法に基づく省令改正権限等の保安規制の権限を直ちに行使しなかったことは，保安措置の内容が多岐にわたる専門的，技術的事項であるため，その趣旨，目的に照らし，著しく合理性を欠くものとはいえず，国家賠償法上，違法とはいえないとした。

1 A，B　2 A，C　3 A，D
4 B，C　5 B，D

解答

A 妥当ではない。失火責任法が適用されるとする判例（最判昭 53・7・17）があります。

B 妥当である。公務員の選任・監督をする者と，給料を負担する者がいるときには，「内部関係でその損害を賠償する責任ある者に対して求償権を有する」（法３条２項）とあります。この規定に基づき設問の記述のように判断した判例（最判平 21・10・23）があります

C 妥当である。国家賠償法に基づき賠償責任を負うべき場合であり，その場合には民法の損害賠償責任は負いません。同趣旨の判例（最判平 19・1・25）があります。

D 妥当ではない。判例（最判平 16・4・27）は「その趣旨，目的に照らし，著しく合理性を欠くものであって，国家賠償法１条１項の適用上違法というべきである」としています。

以上から，妥当なものは**B**と**C**であり，正解は**4**となります。

正解 4

7-3　国総 ★★★　国般 ★★　地上 ★★★　市役所 ★★

国家賠償法２条

～「物＝公の営造物」が与えた損害の賠償～

２条は物（公の営造物）が与えた損害について規定しています。２条で負うべき賠償責任のことを**営造物責任**といいます。条文上，「公の営造物の設置又は管理に瑕疵があったとき」という要件があるのですが，１条同様，判例を通じて，この要件が明らかにされています。

「公の営造物」って何？

最初に２条が対象としてる「公の営造物」の意味を明らかにしておかないと先に進めません。日常生活では「公の営造物」なんて言葉は聞いたことがありませんが，行政法学の世界の言葉です。一般的に，「国や地方公共団体によって公の目的に供される物」という意味で使われます。もっとかみ砕いていうと，「みんなのために利用されている物」とでもいえるでしょうか。以前，学んだ「公物」という言葉に置き換えてもいいでしょう。

公の営造物には，不動産もあれば動産もあります。２条１項では「道路，河川その他の公の営造物」と道路，河川という例示があります。道路のように人の手によって作られた公の営造物（**人工公物**）もあれば，河川というそもそも自然にあるものを使っている場合（**自然公物**）もあります。

公の営造物の例

工公物	自然公物
人の手によるもの	自然のものを利用しているもの
例：道路，河川	例：公園

国や地方公共団体が管理しているかどうかが大事なので，公の営造物にはその国や地方公共団体が所有していないもの

管理

管理権は法律上のものでなくとも事実上のものであってもいいとする判例（最判昭 59・11・29）があります。

もあります（**他有公物**）。

たとえば，美術館や博物館にいくと「個人蔵」と表示がある展示物がありますが，そうしたものも公の営造物です。「博物館に置かれていた熊のはく製が倒れてきて見学者がけがをした」。もし，そうしたことがあったら，個人から預かっているはく製であっても，国家賠償法２条の対象になります。

このように公の営造物は，不動産ばかりでなく動産も含まれます。判例では，テニスコートの審判台，駅の点字ブロックなどが公の営造物として問題になったことがあります。

2条の条文の特徴はどんなこと？

国家賠償法２条１項の条文をさっそく見てもらいましょう。

国家賠償法

第２条　道路，河川その他の公の営造物の設置又は管理に瑕疵があつたために他人に損害を生じたときは，国又は公共団体は，これを賠償する責に任ずる。

２　略

１条と比べての大きな特徴が**無過失責任**ということです。１条では「故意又は過失によつて違法に他人に損害を加えたとき」という要件がありました。しかし，２条にはありません。「公の営造物の設置又は管理に瑕疵があつたため」とあるだけです。この意味について判例（最判昭 45・8・20）は「営造物が通常有すべき安全性を欠いていることをいい」としています。ここでは，「誰かのミスで整備不良だった…」などの要件はみられず，客観的に安全性があったか，なかったかがポイントになります。

無過失責任

故意や過失がなくとも損害賠償責任を負うことです。

高知落石事件

「国家賠償法２条１項の営造物の設置または管理の瑕疵とは，営造物が通常有すべき安全性を欠いていることをいい，これに基づく国および公共団体の賠償責任については，その過失の存在を必要としないと解するを相当とする」（最判昭45・8・20）

無過失責任ということは，被害が生じたら責任を負わないといけないの？

無過失責任といっても，被害が生じたら絶対に賠償しなければならないというわけではありません。たしかに，本来的な使われ方をしない場合でも免責されるわけではないとした事例もあります。

自由に入れる埋立地の岸壁から海中に車両が転落した事故について，「危険性が客観的に存在し，かつ，それが通常の予測の範囲を超えるものでない限り，管理者としては，右事故の発生を未然に防止するための安全施設を設置する必要があるものというべき」とした判例（最判昭 55・9・11）があります。ただ，それでも，想定できない自然災害などの不可抗力や，公の施設の使い方が問題だったりした場合に起きた損害まで賠償を求めることはできません。

こうしたことから，賠償を求められている国や地方公共団体側は「避けられなかった」，「想定されていなかった」などと主張することもしばしばです。

こうした主張が認められるかどうかという視点で「設置又は管理の瑕疵」をめぐる判例をみていくことが重要です。法２条についての判例は，道路や河川をめぐる判例が多いのが特徴です。

最判平５・３・30

子どもがテニスコートの審判台にのぼって遊び，それが倒れて下敷きになって死亡した事件について「異常な行動に原因があった」として賠償責任を否定した判例（最判平５・３・30）があります。

道路についてはどんな判例があるの？

道路に関しては，まず**高知落石事件**（最判昭 45・８・20）があります。先ほど触れたように「設置又は管理の瑕疵」の意味を明らかにした判決なのですが，さらに，「予算上の制約」が賠償責任を免れる理由になるかどうかが問題になりました。こんな事件でした。

ある国道では前々から落石があり「落石注意」の標識を立てていました。あるときまた，落石があり，その落石が走行中の車の助手席の青年に当たり，その青年は亡くなってしまいました。被害者の遺族は国と道路を管理する県に国家賠償法２条に基づき賠償請求をしました。この事件の判決では「道路における防護柵を設置するとした場合，その費用の額が相当の多額にのぼり，上告人県としてその予算措置に困却するであろうことは推察できるが，それにより直ちに道路の管理の瑕疵によつて生じた損害に対する賠償責任を免れうるものと考えることはできない」と予算上の制約は言い訳にできないとしたのです。

また道路の「設置又は管理の瑕疵」については，国道に故

「設置又は管理の瑕疵」の判断基準

「国家賠償法２条１項にいう営造物の設置又は管理に瑕疵があつたとみられるかどうかは，当該営造物の構造，用法，場所的環境及び利用状況等諸般の事情を総合考慮して具体的個別的に判断すべきものである」（最判昭53・７・４）

道路判例ダイジェスト

- 予算上の制約は言い訳にならない。
- 87時間の故障車の放置は管理の瑕疵
- 事故直後の道路では「管理の瑕疵なし」

障車が87時間放置されていた事例で，道路管理の瑕疵を認めています（最判昭 50・7・25)。一方，夜間，道路工事の標識や赤色灯が先行車によって倒され，直後に走行した車が工事個所で事故を起こした事例については「遅滞なくこれを原状に復し道路を安全良好な状態に保つことは不可能であつた」として「道路管理に瑕疵がなかつたと認めるのが相当」としています（最判昭 50・6・26)。

河川についてはどんな判例があるの？

河川についての国家賠償は，洪水が起き浸水被害を受けた住民が河川を管理する国などを訴えるという例があります。この場合にも，改修済河川なのに洪水が起きてしまったという場合と，未改修河川から被害が生じた場合とがあります。

未改修河川に関する事例として**大東水害訴訟**（最判昭59・1・26）があります。この裁判では，改修途上の谷田川の未改修部分から水があふれ，水害が生じたと住民は主張しました。

最高裁は改修が終わっていない河川について，過渡的な安全性で足りるとしつつ，「瑕疵の有無は，過去に発生した水害の規模，発生の頻度，発生原因，被害の性質，降雨状況，流域の地形その他の自然的条件，土地の利用状況その他の社会的条件，改修を要する緊急性の有無及びその程度等諸般の事情を総合的に考慮し，前記諸制約のもとでの同種・同規模の河川の管理の一般水準及び社会通念に照らして是認しうる安全性を備えていると認められるかどうかを基準として判断すべきである」としています。

一方，改修済み河川に関する判例として**多摩川水害訴訟**（最判平2・12・13）があります。この判例では「工事実施基本計画が策定され，右計画に準拠して改修，整備がされ，あるいは右計画に準拠して新規の改修，整備の必要がないものとされた河川の改修，整備の段階に対応する安全性とは，同計画に定める規模の洪水における流水の通常の作用から予測される災害の発生を防止するに足りる安全性をいうものと解すべきである」としています。

河川判例ダイジェスト

- 未改修河川の瑕疵の有無は，一般水準及び社会通念に照らして是認しうる安全性を備えているかどうかを基準に判断
- 改修済み河川の安全性は，予測される災害の発生を防止するに足りる安全性と解すべき

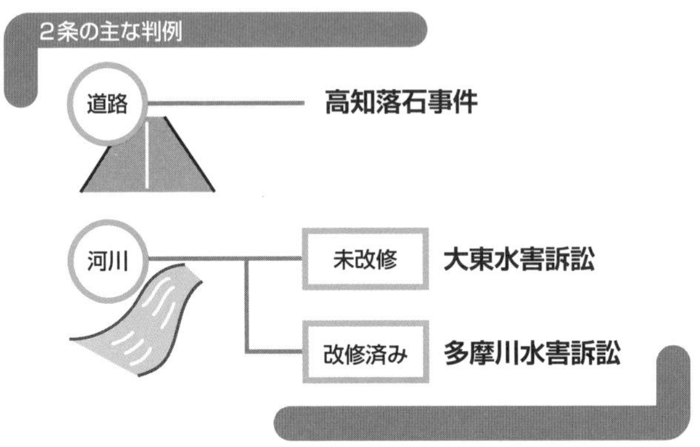

道路に比べて河川の判例は物分かりが良すぎない？

道路については，予算上の制約があるという管理者側の主張を認めませんでした。それに比べて，河川についての判例は管理者寄りではないのかという気がしたかもしれません。たしかに，未改修の河川では，安全性は，他の河川と同程度でいいとか，改修済の河川でも，計画で想定する災害を防止する程度の安全性で足りるようにとらえられています。

その違いは公物の性格から来るのでしょう。道路は人工公物です。人の手で公物を作り出した以上，その安全性も徹底する必要があります。一方，河川は自然公物です。大東水害訴訟判決ではこんな部分があります。少し長いですが引用します。

「自然公物たる河川は，管理以前から本来的に洪水氾濫の危険を内包しているものであつて，その管理はその危険を治水対策事業により軽減し，より安全なものに近づける努力の過程であるから，絶対的安全性を具備することは不可能であるとともに，道路におけるような一時閉鎖，通行止め等の緊急の危険回避手段を有しない点において道路その他の営造物の管理とは大きな差異がある」。

こうしたことが，管理の瑕疵を判定するに当たって，道路には「厳しく」，河川には「比較的ゆるい」といった裁判所の態度に結び付いているのです。

人工公物と自然公物

人工公物については「設置又は管理の瑕疵」が厳しく判断されます。人工的に作ったものなら，その安全性も求められるという考え方が背景にあります。

自然公物については，少し緩めの判断。絶対的な安全性を求めることは無理だし，危険回避措置も難しいからです。

機能的瑕疵って何ですか？

機能的瑕疵という言葉についても説明しておきましょう。法２条の営造物責任は，営造物の設置又は管理に瑕疵があった場合に問題となります。ところが機能的瑕疵というのは，その物（公の営造物）自体には瑕疵がないのに認められる責任なのです。

この珍しい機能的瑕疵が認められたのは，**大阪空港訴訟**（最大判昭 56・12・16）です。この訴訟では国営空港の周辺住民が飛行機離着陸の騒音や振動などに悩まされ，夜間飛行の差止めと国家賠償を求めました。騒音や振動の原因は飛行場の設置又は管理に瑕疵があったわけではありません。しかも，損害を被ったのは施設の利用者ではなく周辺住民（第三者）です。最高裁は「安全性の欠如，すなわち，他人に危害を及ぼす危険性のある状態とは，（中略）その営造物が供用目的に沿つて利用されることとの関連において危害を生ぜしめる危険性がある場合をも含み，また，その危害は，営造物の利用者に対してのみならず，利用者以外の第三者に対するそれをも含む」と述べています。これを機能の面で瑕疵があったという意味で機能的瑕疵と呼んでいます。

国道を自動車が走ることによって生じる騒音，排気ガス等がその周辺住民に生活被害等を起こしているとされた事例（最判平 ７・７・７）でもこの機能的瑕疵を認めています。

機能的瑕疵

飛行場周辺の騒音，道路周辺での排気ガスなど，公の営造物自体の瑕疵を直接，原因とするものではありませんが，公の営造物が本来的な使われ方をするのに伴い生じる損害を機能的瑕疵といいます。運用関連瑕疵ということもあります。

設置者と管理の費用負担者が異なるときにはどちらが賠償責任を負うの？

公の営造物の設置者と管理の費用を負担する者が異なるときには，被害者はどちらへ賠償請求しても構いません。どちらもがその責任を負っているからです。どちらかが被害者へ賠償したときには，もう一方に求償することができます（法３条）。

「7-3　国家賠償法２条」のまとめ

▶公の営造物は公物と置きかえて理解することができます。
▶公の営造物の設置又は管理の瑕疵とは通常，有すべき安全性を欠いていることをいいます。
▶法２条の責任（営造物責任）は無過失責任ですが，不可抗力の場合など免責される場合も当然あります。
▶人工公物である道路については求められる安全性について水準が高く，自然公物である河川についての安全性への水準はそれよりも低いということができます。
▶飛行場の設置，管理者が騒音や振動に悩まされる周辺住民に負う責任のように，公の営造物そのものには瑕疵がなく，しかも利用者ではなく第三者に負う機能的瑕疵というものも判例で認められています。

問題22　国家賠償法２条　市役所

国家賠償法２条に定められている営造物責任に関する次の記述のうち，妥当なものはどれか。

1．営造物責任はもっぱら土地と建物に関する責任であると解され，建物内の備品等については，１条の責任が問題になるにとどまる。
2．営造物責任は，営造物の設置・管理に瑕疵がある場合に認められるが，この瑕疵が認められるためには営造物の設置・管理者の過失を要件としない。
3．営造物責任は，目的外の利用がなされた際には発生せず，設置・管理者はそのような利用を予測して危険防止の措置を講ずることまでが求められるわけではない。
4．営造物責任は，その営造物の利用者に対してのみ発生し，周辺住民等は責任を負うべき対象とはなりえない。
5．河川についても，公道等と同様に補修済みか未補修かにかかわらず同様の営造物責任が生じる。

解答

1　妥当ではない。公の営造物には不動産ばかりでなく動産も含まれます。
2　妥当である。２条では過失の存在を前提にしていません。

3　妥当ではない。判例（最判昭 55・9・11）からも，目的外の利用がされた際には営造物責任が発生しないとは言い切れません。

4　妥当ではない。飛行場の周辺住民など，その営造物の利用者以外に対しても責任を負う場合があります（機能的瑕疵）。

5　妥当ではない。道路と同様な営造物責任を負うわけではありません。道路に比べて河川で問われる営造物責任は少し「ゆるい」といえるかもしれません。

正解　2

問題23　国家賠償法２条　特別区

国家賠償法に規定する公の営造物の設置又は管理の瑕疵に基づく損害賠償責任に関するA～Dの記述のうち，最高裁判所の判例に照らして，妥当なものを選んだ組合せはどれか。

A．道理管理者は，道路を常時良好な状態に保つように維持し，修繕し，もって一般交通に支障を及ぼさないように努める義務を負うため，故障した大型貨物自動車が87時間にわたって放置され，道路の安全性を著しく欠如する状態であったにもかかわらず，道路の安全性を保持するために必要とされる措置を全く講じていなかった場合には，道路管理に瑕疵があり，当該道路管理者は損害賠償責任を負うとした。

B．工事実施基本計画が策定され，当該計画に準拠して改修，整備がされた河川は，当時の防災技術の水準に照らして通常予測し，かつ，回避し得る水害を未然に防止するに足りる安全性を備えるだけでは不十分であり，水害が発生した場合において，当該河川の改修，整備がされた段階において想定された規模の洪水から当該水害の発生の危険を通常予測することができなかった場合にも，河川管理者は損害賠償責任を負うとした。

C．校庭内の設備等の設置管理者は，公立学校の校庭開放において，テニスコートの審判台が本来の用法に従って安全であるべきことについて責任を負うのは当然として，幼児を含む一般市民の校庭内における安全につき全面的な責任を負うため，通常予測し得ない行動の結果生じた事故についても，当該設置管理者は損害賠償責任を負うとした。

D．国家賠償法の営造物の設置又は管理の瑕疵とは，営造物が通常有すべき安全性を欠いている状態であるが，営造物が供用目的に沿って利用されることとの関連において危害を生ぜしめる危険性がある場合も含み，その危害は，営造物の利用者に対してのみならず，利用者以外の第三者に対するそれも含むため，国際空港に離着陸する航空機の騒音等による周辺住民の被害の発生は，当該空港の設置，管理の瑕疵の概念に含まれ，当該空港の設置管理者は損害賠償責任を負うとした。

1　A，B　　2　A，C　　3　A，D
4　B，C　　5　B，D

解答

A　妥当である。判例（最判昭 50・7・25）のとおりです。

B　妥当ではない。工事実施基本計画に定める規模の洪水における流水の通常の作用から予測される災害の発生を防止する安全性で足りるものとされています（多摩川水害訴訟　最判平 2・12・13）。

C　妥当ではない。審判台に上り下りして遊んでいた幼児が審判台の下敷きになり死亡した事例で「幼児が異常な行動に出ることのないようにしつけるのは，保護者の側の義務であり，このような通常予測し得ない異常な行動の結果生じた事故につき，保護者から設置管理者に対して責任を問うというのは，もとより相当でない」として最高裁は設置管理者の責任を否定しています（最判平 5・3・30）。

D　妥当である。判例（大阪空港訴訟　最大判昭 56・12・16）のとおりです。

以上より，妥当なのは**A**と**D**であり，正解は**3**となります。

正解　3

7-4　国総★★　国般★★　地上★★　市役所★

損失補償
～適法な行為によって生じた損害の穴埋め～

適法な行政の行為によって生じた損害の穴埋めが損失補償です。損失補償に関する一般法はないのですが，損失補償が必要となるような法律には置かれます。「もし，損失補償に関する規定が置かれていなかったらどうするの？」と心配になるかもしれませんが，大丈夫です。憲法29条３項には「私有財産は，正当な補償の下に，これを公共のために用ひることができる」とあります。この規定を根拠に損失補償の請求が可能とする判例があります。

憲法29条３項に関する判例

「損失を具体的に主張立証して，別途，直接憲法29条３項を根拠にして，補償請求をする余地が全くないわけではない」とした判例（最大判昭 43・11・27）があります。

憲法29条３項のいう「正当な補償」とはどういうこと？

正当な補償の意味をめぐっては，客観的な財産価値を補うものでなければならないとする**完全補償説**と，合理的な算定根拠があればいいとする**相当補償説**があります。

土地収用法をめぐって完全補償説に立った判例があります。

> 土地収用法における損失の補償は，特定の公益上必要な事業のために土地が収用される場合，その収用によつて当該土地の所有者等が被る特別な犠牲の回復をはかることを目的とするものであるから，完全な補償，すなわち，収用の前後を通じて被収用者の財産価値を等しくならしめるような補償をなすべき」（最判昭 48・10・18）。

その一方で戦後間もない頃の農地改革における補償額について，相当補償説に立った判例もあります。

> 正当な補償とは，その当時の経済状態において成立することを考えられる価格に基き，合理的に算出された相当な額をいうのであつて，必しも常にかかる価格と完全に一致することを要するものでない（最大判昭 28・12・23）。

農地改革

終戦後の農地改革のことです。戦前は農地のある場所に住まず農地を小作人に貸して小作料を取る不在地主が多くいました。農地改革は，この不在地主から農地を安く買い上げ，小作人に売り渡すなどした改革でした。

完全補償を原則としながら，戦後間もない時期における農地改革という特殊な事情の下で相当補償説がとられたと考えるのが自然でしょう。

正当な補償をめぐる説

完全補償説		相当補償説
土地収用をめぐる補償額	VS	農地改革における補償額

損失補償がされる場合というのはどんな場合なの？

・「特別の犠牲」かどうかの判断基準

損失補償が必要かどうかは，**特別の犠牲**があったといえるかどうかにかかっています。ただ，この特別の犠牲というのは，いくつかの要素を通じて判定されます。まず，シンプルなところでいえば，一般的にみんなが犠牲になるのではなく，一部の人だけに犠牲が発生していることです。

こんな事例がありました。ある人がこれまである場所で砂利を採取していたのですが，県の告示が出され，河川附近地制限令に基づき，その場所付近では知事の許可がないと砂利をとれないようになりました。最高裁は「この種の制限は，公共の福祉のためにする一般的な制限であり，原則的には，何人もこれを受忍すべきものである」（最大判昭 43・11・27）と述べています。

さらに，特別の犠牲というためには，その犠牲が我慢しなければならないレベルを超えるものでなければならないとされています。奈良県ため池条例事件（最大判昭 38・6・26）では，ため池の堤とうに農作物を植えることを禁止した条例について「そのような制約は，ため池の堤とうを使用し得る財産権を有する者が当然受忍しなければならない責務というべきものであつて，憲法29条3項の損失補償はこれを必要としない」としています。

特別の犠牲

この判決（最大判昭 43・11・27）の中では「従来，賃借料を支払い，労務者を雇い入れ，相当の資本を投入して営んできた事業が営み得なくなるために相当の損失を被る」場合には，「単に一般的に当然に受忍すべきものとされる制限の範囲をこえ，特別の犠牲を課したものとみる余地が全くないわけではなく」とも述べています。

・危険物の状態責任

また，補償が必要かどうかについては，こんな判例もあります。ある人が，地下にガソリンタンクを埋めてガソリンスタンドを経営していたのですが，国が地下道を設置したためにそのタンクを移動しなくてはならなくなりました。というのは消防法でタンクは地下道から10m以上離さなければならないとされていたからです。判決は「道路工事の施行の結果，警察違反の状態を生じ，危険物保有者が右技術上の基準に適合するように工作物の移転等を余儀なくされ，これによつて損失を被つたとしても，それは道路工事の施行によつて警察規制に基づく損失がたまたま現実するに至つたものにすぎず」とし，道路法にある補償の規定の対象にならないとしました（最判昭 58・2・18）。ガソリンタンクというある意味，危険な物を所有している者はその規制を受忍しなければならないとしたのです。

堤とう

土手や堤のことです。

危険な物を所有している者は…

危険な物を所有している者は危険防止のための規制を受忍しなければならないという考え方があるのですが，この考え方を「危険物の状態責任」ということがあります。最判昭58・2・18の例はこの考え方を示したものといえます。

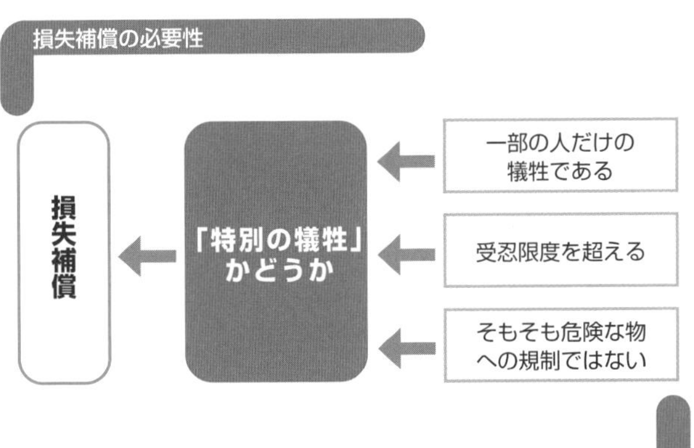

文化的な価値も損失補償の対象となるの？

水害から集落を取り囲むように守る堤防を輪中堤（わじゅうてい）といいます。江戸時代初期から集落を守ってきた輪中堤の**文化財的価値について，不動産としての市場価格の形成に影響を与えないものとして，土地収用法による損失補償の対象とはならないとした判例**（最判昭 63・1・21）があります。

最判昭63・1・21

「本件輪中堤は江戸時代初期から水害より村落共同体を守つてきた輪中堤の典型の一つとして歴史的，社会的，学術的価値を内包しているが，それ以上に本件堤防の不動産としての市場価格を形成する要素となり得るような価値を有するというわけでないことは明らかであるから，前示のとおり，かかる価値は本件補償の対象となり得ないというべきである」（最判昭63・1・21）

国家賠償と損失補償の谷間の問題って何？

公権力の行使が引き起こした問題であり，救済しなければならない問題であるのに，国家賠償でも損失補償でも救済しにくい分野というものがあります。

国家賠償法１条は公務員の故意又は過失による違法な行為を対象にしています。ということは，違法な行為であるけれども過失がない場合には対象にはならないと考えられます。また，憲法29条３項は，財産権だけが対象のように読めます。

こうしたことを考えたときに問題となるのが，予防接種による健康被害です。どんなに注意しても一定の率で被害が生じてしまうことは避けられないと考えられています。この場合，財産権が問題となっているわけではありませんから損失補償でのアプローチは難しい面があります。かといって，医師がその日の体調などを確認したのであれば過失もないことになり，国家賠償の対象からも落ちてしまいます。

最高裁（最判平３・４・19）は過失の認定にひと工夫することで国家賠償法での救済をしやすくしようとしています。健康被害が生じたということは，本来は予防接種を打ってはいけない者（禁忌者（きんきしゃ））に打ってしまったという推定が働くとしたのです。

禁忌者

「きんきしゃ」と読みます。してはならない人，避けなければならない人の意味です。

最判平３・４・19

「予防接種によって右後遺障害が発生した場合には，禁忌者を識別するために必要とされる予診が尽くされたが禁忌者に該当すると認められる事由を発見することができなかったこと，被接種者が右個人的素因を有していたこと等の特段の事情が認められない限り，被接種者は禁忌者に該当していたと推定するのが相当である」（最判平３・４・19）

「7-4 損失補償」のまとめ

- 正当な補償の意味をめぐっては，完全補償説と相当補償説があります。
- そもそも損失補償が必要かどうかは，特別の犠牲があったかどうかにかかっています。
- 一部の人だけの犠牲である，受忍限度を超えている，そもそも危険な物への規制ではないなどの要素を踏まえて特別の犠牲は判断されます。
- 文化財的価値は，市場価格の形成に影響を与えないものとして，土地収用法による損失補償の対象とはならないとした判例があります。
- 予防接種による健康被害については，過失の認定を工夫することで国家賠償法を適用しようとする判例が見られます。

問題24　損失補償　特別区

行政法学上の損失補償に関するA～Dの記述のうち，最高裁判所の判例に照らして，妥当なものを選んだ組合せはどれか。

A．国の道路工事により地下道がガソリンスタンド近隣に設置されたため，給油所経営者が消防法の位置基準に適合させるために行った地下貯蔵タンク移設工事費用の補償を請求した事件では，道路工事の施行の結果，警察違反の状態を生じ，工作物の移転を余儀なくされ損失を被ったとしても，それは道路工事の施行によって警察規制による損失がたまたま現実化するに至ったものにすぎず，このような損失は道路法の定める補償の対象には属しないものというべきであるとした。

B．鉱業権設定後に中学校が建設されたため，鉱業権を侵害されたとして鉱業権者が損失補償を請求した事件では，公共の用に供する施設の地表地下とも一定の範囲の場所において鉱物を掘採する際の鉱業法による制限は，一般的に当該受認すべきものとされる制限の範囲をこえ，特定人に対し特別の財産上の犠牲を強いるものであるため，憲法を根拠として損失補償を請求することができるとした。

C．戦後の農地改革を規律する自作農創設特別措置法に基づく農地買収に対する不服申立事件では，憲法にいうところの財産権を公共の用に供する場合の正当な補償とは，その当時の経済状態において成立することを考えられる価格に基づき，合理的に算出された相当な額をいうのであって，必ずしも常にかかる価格と完全に一致することを要するものでないとした。

D．福原輪中堤の文化的価値の補償が請求された事件では，土地収用法の通常受ける損失とは，経済的価値でない特殊な価値については補償の対象としていないが，当該輪中堤は江戸時代初期から水害より村落共同体を守ってきた輪中堤の典型の一つとして歴史的，社会的，学術的価値を内包し，堤防の不動産としての市場価格を形成する要素となり得るような価値を有しているため，かかる価値も補償の対象となり得るというべきであるとした。

1　A，B
2　A，C
3　A，D
4　B，C
5　B，D

解答

A　妥当である。判例（最判昭 58・2・18）のとおりです。

B　妥当ではない。最高裁は「鉱業法64条の定める制限は，鉄道，河川，公園，学校，病院，図書館等の公共施設及び建物の管理運営上支障ある事態の発生を未然に防止するため，これらの近傍において鉱物を掘採する場合には管理庁又は管理人の承諾を得ることが必要であることを定めたものにすぎず，この種の制限は，公共の福祉のためにする一般的な最小限度の制限であり，何人もこれをやむを得ないものとして当然受忍しなければならないものであつて，特定の人に対し特別の財産上の犠牲を強いるものとはいえないから，同条の規定によつて損失を被つたとしても，憲法29条３項を根拠にして補償請求をすることができないものと解するのが相当である」（最判昭 57・2・5）と述べています。

C　妥当である。判例（最大判昭 28・12・23）のとおりです。

D　妥当ではない。判例（最判昭 63・1・21）は，市場価格の形成に影響を与えないものとしています。

以上から妥当なものは，**A**と**C**であり，正解は**2**となります。

正解　2

第8章

地方自治と行政組織

地方自治のしくみと国や地方公共団体の組織

この章では，国や地方公共団体の組織や公務員の制度などを学ぶことにしましょう。たくさん出題されるというわけではありませんが，国家公務員の試験では国に関することが，地方公務員の試験では地方自治法など地方公共団体に関することが一定の数，出題されます。公務員になったらすぐに役立つ知識でもあります。

8-1　国総 ★★★　国般 ★★　地上 －　市役所 －

国の行政組織

～内閣を中心とする国の行政機関～

国の行政組織はわりとシンプルです。行政権は内閣という合議体にあります。そして，その内閣の下に各省庁があるというのが基本的な構造です。

行政権は内閣にあるの？ 内閣総理大臣にあるの？

憲法65条には「行政権は，内閣に属する」とあります。なので行政権は**内閣**にあります。内閣は合議体で，首長である内閣総理大臣と内閣総理大臣から任命された国務大臣からなります（内閣法２条）。各大臣は，**主任の大臣**として，行政事務を分担管理します。しかし，分担管理しない大臣（**無任所大臣**）もいます。無任所大臣は行政事務を任せられていない大臣と侮ってはいけません。むしろ，内閣を支えるような大物が無任所大臣になることもしばしばです。

内閣

内閣は合議体です。そして，内閣の意思を決定する場が閣議なのです。

国務大臣

国務大臣は内閣総理大臣が指名しますが，国会議員でなくてもなれます。ただし，過半数は国会議員から選ぶ必要があります（憲法68条１項）。

「統轄の下にある」ってどういう意味

国家行政組織法は「内閣の統轄の下における行政機関で内閣府以外のもの」の組織について定めています（国家行政組織法１条）。省庁の名称は別表第１に掲げられています。ちなみに「統轄」というのは，上級行政機関が下級行政機関を指揮命令の下に置く状態をいいます。つまり，各省庁にとって内閣は直属の上司に当たるというわけです。

国家行政組織法 別表第1（第3条関係）

省	委員会	庁
総務省	公害等調整委員会	消防庁
法務省	公安審査委員会	出入国在留管理庁 公安調査庁
外務省	—	—
財務省	—	国税庁
文部科学省	—	スポーツ庁 文化庁
厚生労働省	中央労働委員会	—
農林水産省	—	林野庁 水産庁
経済産業省	—	資源エネルギー庁 特許庁 中小企業庁
国土交通省	運輸安全委員会	観光庁 気象庁 海上保安庁
環境省	原子力規制委員会	—
防衛省	—	防衛装備庁

別表第1にある省庁の名前を眺めてみると，いくつかの省庁の名前がないことに気がついたかもしれません。まず，1条の条文に「内閣府以外のもの」とあるのですから，内閣府がありません。それから，会計検査院と人事院も見当たりません。その謎を解いておきましょう。

まず，**会計検査院**は国家行政組織法ではなく憲法90条に根拠を持つ行政機関です。会計検査院法1条には「会計検査院は，内閣に対し独立の地位を有する」とあります。内閣のお金の使われ方をチェックする機関なのですから，内閣の統轄の下にある機関であるわけにはいきません。

人事院ですが，国家公務員法3条に「内閣の所轄の下に人事院を置く」とあるのがポイントです。「統轄の下」ではないのです。人事院は職員の利益を代表する機関として，ある程度，内閣からの独立性を認められているのです。これが「所轄の下」の意味です。

会計検査院

会計検査院は内閣から独立した存在なので，内閣が定める政令が及びません。組織や権限を定めた会計検査院法という法律があります。

内閣府はどのような行政機関なの？

内閣府は他の省庁とは異なり，少し不思議な役所です。一つは政府全体の見地から取り組むべき行政を担当する行政機関としての役割があります。内閣府設置法３条２項には，男女共同参画社会の形成の促進，市民活動の促進，沖縄の振興及び開発，北方領土問題の解決の促進，災害からの国民の保護などいくつかの分野が挙がっています。内閣府の事務は覚える必要はありません。例に挙げたように全省庁に担当がない事務や逆に全省庁に横ぐしを刺すような事務を扱っているとだけ覚えておきましょう。

もう一つは内閣の事務を助ける行政機関としての面があります。内閣の事務は**内閣官房**が行いますが，それを助けるのが内閣府なのです（内閣府設置法３条１項，３項）。

内閣の事務を助けるという内閣府の役割を示すと図のようになります。

内閣の事務をサポートするといっても，直接サポートするのではなく，内閣の事務を直接サポートする内閣官房を内閣府がサポートするのです。

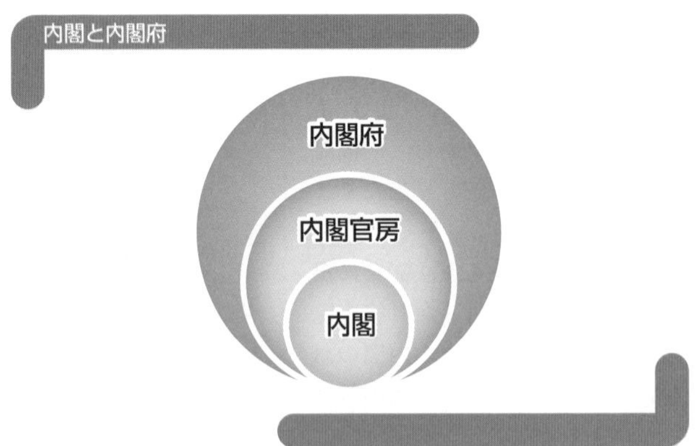

他の省庁並びのポジションと内閣の補佐機構としてのポジションと併せ持つ，そんな不思議な行政機関が内閣府なのです。

合議体の機関

行政の意思を決定し外部に示す機関のことを行政庁といいますが，行政庁は１人の者が担うことが多いものです。これを独任制の機関といいます。知事や市町村長などがそうした例です。これに対して，内閣は内閣総理大臣と国務大臣からなる集合体です。これを合議制の機関といいます。合議制の機関では，合議体の意思を決定するしくみ（会議）が必要となります。内閣における「閣議」がその役割を果たします。

「委員会」や「庁」はどんな存在なのですか？

国家行政組織法別表第１には，各省に置かれる委員会や庁の名前がたくさん見られます。これを**外局**といいます。外局が置かれる理由はいろいろとあります。一番多いのは，専門的な行政分野であるということです。財務省に置かれる国税庁などをイメージしてもらえば分かりやすいことでしょう。外局は内閣府にもあります。外局のうち，委員会は**行政委員会**といわれます。複数の委員からなる合議制の機関です。

外局

「がいきょく」と読みます。

内閣府の外局

内閣府の外局として，公正取引委員会，国家公安委員会，個人情報保護委員会，金融庁，消費者庁があります。

「8-1　国の行政組織」のまとめ

▶国の行政権は内閣にあります。
▶内閣の統轄の下にある機関として，中央省庁の名前が国家行政組織法の別表に挙げられています。
▶国家行政組織法の別表に名前のない機関として，内閣府，会計検査院，人事院があります。
▶内閣府や各省に委員会（行政委員会）や庁が置かれています。
▶委員会や庁のことを外局といいます。

8-2　国総 ★　国般 ★　地上 ★★★　市役所 ★★★

地方自治のしくみ 1
～地方公共団体の行政組織と事務～

「国の行政組織も地方公共団体の行政組織も似ている」。そんな風になんとなく思っているかもしれません。しかし，ずいぶんと行政組織の作り方が異なります。改めて，地方公共団体の種類や行政組織や事務などを確認することにしましょう。なお，平成12年（2000年）4月1日に地方分権一括法が施行され，地方自治法などが大きく変わりました。これを**地方分権改革**といいます。

普通地方公共団体って何？

普通地方公共団体というのは，都道府県と市町村のことです（地方自治法1条の3第2項）。「普通」があるのですから「特別」もあります。特別区，地方公共団体の組合，財産区が**特別地方公共団体**です（法1条の3第3項）。地方公共団体は法人となります（法2条1項）。

特別地方公共団体

特別地方公共団体	特別区	現在あるのは東京 23 区のみ
	地方公共団体の組合	いくつかの地方公共団体が事務を共同で行うための団体 一部事務組合と広域連合がある
	財産区	市町村の一部などが財産を有するために使われるのが財産区

二元代表制ってどういうこと？

最近，よく耳にするのが二元代表制という言葉です。議会はもちろん選挙で選ばれた議員によって構成されていますが，地方公共団体では知事や市町村長（首長）もまた，住民の選挙で選ばれます。このように住民の代表が2チャンネル

地方公共団体

地方公共団体には，普通地方公共団体と特別地方公共団体があります。

一部事務組合

いくつかの地方公共団体が同じ種類の事務を共同処理する組織のことです。消防やゴミ処理のために一部事務組合はよく利用されます。

広域連合

広域にわたる処理が必要な事務について計画を定めて行うために使われます。いくつかの地方公共団体が共同処理する点は一部事務組合と同じですが，種類の異なる事務を持ち寄り処理することができる点が異なります。

あるしくみのことを**二元代表制**といいます。社内に社長が二人いるようなものですが，住民のための善政競争を行うことが期待されています。

二元代表制

普通地方公共団体では，首長（知事や市町村長）も選挙で選ばれる住民の代表であるところが，国とは異なるところです。

普通地方公共団体の事務にはどんな種類がありますか？

普通地方団体の事務には，**法定受託事務**と**自治事務**があります。法定受託事務は法律によって任された事務です。自治事務というのは法定受託事務以外の事務を指します。

そして，法定受託事務も第一号法定受託事務と第二号法定受託事務に分かれます。第一号は，本来は国が処理すべき事務なのですが都道府県や市町村に法律やそれに基づく政令で任せたものです。第二号は，本来は都道府県が処理すべき事務ですが法律やそれに基づく政令で市町村に任せた事務です。

第一号法定受託事務の例

戸籍の事務が挙げられます。全国一律の事務ですが，身近な市町村が行ってくれた方が国民にとって便利です。

第二号法定受託事務の例

都道府県議会議員選挙の事務がその例です。市町村（市町村選挙管理委員会）の方が選挙の道具やノウハウを持っています。

「任せた」のですから，処理についてはそれぞれ任された地方公共団体が工夫して行うことができます。条例も自治事務に関してだけでなく，法定受託事務についても定めることができます。ただし，国は法定受託事務について**処理基準**を定めることができます。この処理基準に反する事務処理を地方公共団体が行っていると，国は是正の指示を行うことができます。

普通地方公共団体の事務

法定受託事務	第一号	本来は国が処理すべき事務であるが都道府県や市町村に法律やそれに基づく政令で任せたもの
	第二号	本来は都道府県が処理すべき事務であるが法律やそれに基づく政令で市町村に任せた事務
自治事務	地方公共団体が処理する事務のうち、法定受託事務以外のもの	

首長と議会はどんな関係にあるの？

地方公共団体では，首長も議会の議員もそれぞれ別な選挙で住民から選ばれます。ただ，民意を反映する首長と議会の意見が異なることだってあるはずです。この場合にはどのようにして調整するのでしょうか。

まずは**再議**という方法があります。議会の議決を首長が白紙にすることができる制度です。一般的拒否権とも呼ばれます。これを再びひっくり返して，議会の議決を確定させるためには，条例の制定・改廃，予算に関する議決については出席議員の３分の２以上の同意が必要となります。その他の案件については，再び議会での議決（過半数）があれば確定します（法176条２項，３項）。

再議

議会の議決への首長の拒否権のことです。条例についていえば，法令違反の内容がある場合などには再議をしなければなりませんが，これといった理由がなくても首長は再議にかけることができます。「そんな政策は受け入れられない」という場合も再議可能です。

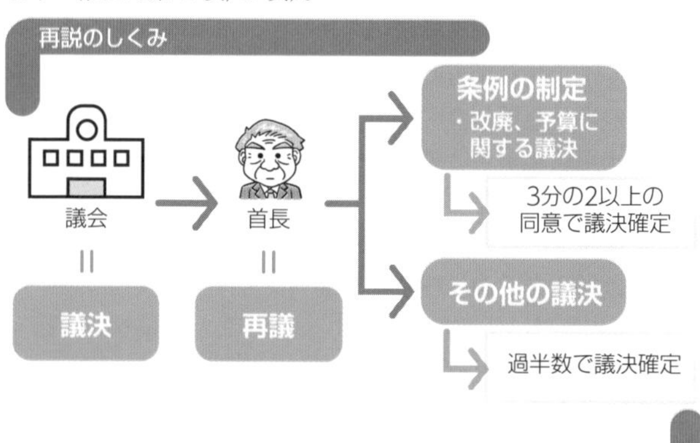

もうひとつの調整方法は，議会の首長に対する不信任です。これについては次で解説します。

議会が首長の不信任の議決をすることができると聞いたけれど？

議会は首長の不信任の議決をすることができます。議会の首長に対する不信任の議決がなされた場合には，首長は通知を受けた日から10日以内に議会を解散することができます（法178条１項）。もし，解散をしないと，首長は失職します。解散をしても，その直後の議会で再び不信任の議決がされた場合にはやはり失職します（同条２項）。

首長の不信任

再議の制度もそうですが，首長と議会という住民を代表する存在が対立したときに，その対立を解消するための制度として首長の不信任制度があります。

長の不信任

不信任の議決（一度目） → 失職
不信任の議決（一度目） → 解散 → 選挙 → 不信任の議決（二度目） → 失職

注意が必要なのは１回目の不信任と，２回目の不信任とで成立要件が異なることです。１回目は議員数の３分の２以上の者が出席し，４分の３以上の者の同意が必要ですが，２回目は議員数の３分の２以上の者が出席し，過半数の者の同意で足りるものとされています（同条３項）。２回目の同意の要件が軽くなっているのです。

国会（衆議院）の場合のように信任の決議案が否決されるというような場合は解散との関係でありません。

自治体議会と国会（衆議院）との比較を表にしておきましょう。

衆議院の解散との比較

地方議会の解散	衆議院の解散
不信任の議決（3分の2以上の者が出席し，4分の3以上の者が同意）のみ	・不信任の決議案の可決 ・信任の決議案の否決
10日以内に解散しない限り首長は失職	10日以内に解散しない限り内閣は総辞職
解散して，招集後の議会で再び不信任の議決（3分の2以上の者が出席し，過半数の者が同意）なら首長は失職	解散しても，総選挙後国会が召集されれば，内閣は総辞職

不信任の議決のみ

地方公共団体の場合には「信任の決議案の否決」という場合は想定されていません。この点，間違えないで！

議会の委員会，議員定数，報酬のことはみんな条例で決めるの!?

議会には議員全員からなる**本会議**のほかに，それぞれの専門分野について審査する**委員会**が置かれます。ただ，委員会を置くかどうかは条例で定めなければなりません。委員会が置かれている議会ではまず委員会で審査して，その結果を本会議で諮り議会としての意思を決めます。委員会の種類には，議会運営委員会，常任委員会，特別委員会があります。

なお，条例で定めるといえば，議員の定数や報酬もそうです。特にその基準などは法令に定められていません。

議員報酬

国会議員に払われるのは「歳費」ですが，地方公共団体の議員の場合には「議員報酬」です。これも間違えないで！

地方分権後は国から地方への関与はできないの？

事務処理を行う地方公共団体以外の団体がその事務に関わりを持つことを関与といいます。関与には国からの地方公共団体への関与，都道府県から市町村への関与などがあります。関与は現在も可能なのですが，法律やこれに基づく政令によらなければならないとされています（法245条の２）。これを**関与の法定主義**といいます。なお，法定受託事務ばかりでなく，自治事務についても関与は可能ですが，その方法に違いがあります。

国の地方公共団体に対する関与について紛争が生じたときには，**国地方係争処理委員会**がその処理に当たります。地方公共団体の間での紛争の処理は**自治紛争処理委員**が処理に当たります。これらの機関でも解決できない場合には裁判所に提訴することができます。

関与に関する紛争の提訴

いわゆる「機関訴訟」の一つです。

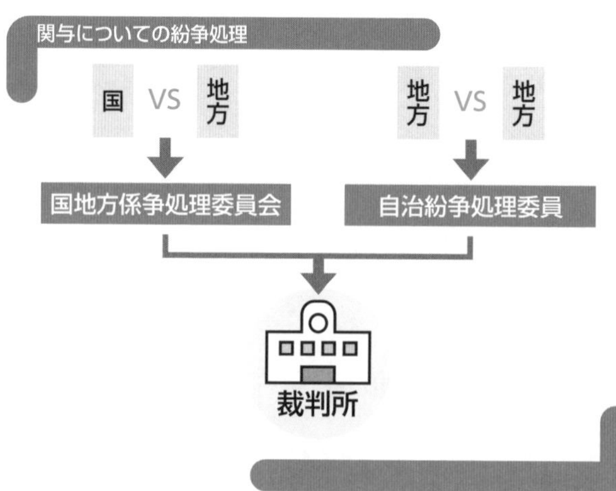

「8-2　地方自治のしくみ１」のまとめ

▶地方公共団体には普通地方公共団体と特別地方公共団体があります。
▶地方公共団体の事務には自治事務と法定受託事務があります。
▶法定受託事務についても第１号と第２号があります。
▶首長は議会が議決した案件をいったん白紙とする再議という権限を持っています。
▶地方公共団体の議会も首長に対して不信任の議決を行うことができ，首長はこれに対して解散で対抗することができます。
▶国から地方公共団体などへの関与は法定化されています。
▶関与に関して紛争が発生した場合には，訴訟を起こすことができますが，その前に専門の紛争処理機関にまずは解決を求めることとなっています。

問題25　地方公共団体の事務　地方上級

地方公共団体の事務に関する次の記述の中には妥当なものが２つあるが，その組合せとして正しいのはどれか。

ア．地方自治法は，国と地方公共団体との役割を規定しており，地方公共団体は，住民の福祉の増進を図ることを基本として，地域における行政を自主的かつ総合的に実施する役割を広く担っている。
イ．地方公共団体が処理することとされている「地域における事務」には，自治事務と法定受託事務が含まれる。
ウ．自治事務は地方公共団体が自主的に行う固有の事務であることから，その実施につき，国等の関与を受けることはない。
エ．地方公共団体の条例制定権は，自治事務にだけ及び，法定受託事務には及ばない。

1　ア，イ
2　ア，ウ
3　イ，ウ
4　イ，エ
5　ウ，エ

解答

ア　妥当である。地方自治法１条の２第１項にそのように規定されています。

イ　妥当である。地方自治法２条２項，８項，９項により，設問のとおりとなります。

ウ　妥当ではない。地方自治法245条以下に規定される関与には，自治事務についてのものもあります。

エ　妥当ではない。自治事務ばかりでなく法定受託事務についても条例を制定することができます（地方自治法14条１項）。

以上から，妥当なものは**ア**と**イ**であり，正解は**1**となります。

正解　1

8-3　国総 ★　国般 ★　地上 ★★★　市役所 ★★★

地方自治のしくみ２

～地方公共団体の住民参加と条例・規則～

地方自治法では国にはない住民参加のしくみが定められています。ざっくりいってしまうと，地方公共団体は住民に近い存在です。ここではそうした地方公共団体に特有な直接請求と住民監査請求・住民訴訟を取り上げます。また，地方公共団体の法令である条例と規則についても確認しておきましょう。

署名を集めて行政などを動かせると聞いたけど？

地方公共団体では，住民（有権者）が署名を集めて，さまざまなことを請求できる制度があります。それが直接請求といわれるものです。一定の署名を集めることで条例を定めたり，改廃したり，議会を解散したり，首長をリコール（解職）したりすることにつなげることができます。

「つなげることができる」と微妙な言い方をしたのは理由があります。署名が集まったからといってすぐに求めたことが実現できるものばかりではないからです。

条例の制定や改廃の請求を例にとると，署名が集まったら首長は議会を招集し，意見を付けた上で議会に議案を付議しなければならないとされています（地方自治法74条）。ただ，議会はその議案を議決する場合ばかりでなく，否決する場合もあります。

議会の解散請求や首長・議員の解職請求では，住民の投票にかけて，過半数の同意があったときに解散したり，職を失うことになっています（法78条，83条）。

主要公務員の解職請求があったときには，最終的に議会が判断します。議員の３分の２以上の者が出席し，４分の３以上の者の同意があったときに失職します（法87条１項）。

署名だけで実現するのは事務監査の請求です。署名が集まって監査請求をすれば，監査委員が監査をしてくれます。

条例の制定改廃請求

すべての条例の制定改廃が可能なのではなく「地方税の賦課徴収並びに分担金，使用料及び手数料の徴収に関するものを除く」（法74条１項）とされていることに注意してください。

直接請求

	請求先	署名数
条例の制定改廃の請求	首長	有権者の50分の1以上
事務監査請求	監査委員	
議会の解散請求	選挙管理委員会	原則として有権者の3分の1以上
首長や議員の解職請求	選挙管理委員会	
主要公務員の解職請求	首長	

なお，必要な署名の数については，「職を辞めさせるもの」は原則有権者の3分の1以上の署名が必要であり，そうでないものについては50分の1以上と覚えておくといいでしょう。

1人でも監査請求できるしくみが別にあると聞いたけれど？

地方自治法には住民1人でも監査請求できるしくみがあります。それが**住民監査請求**です。住民監査請求は違法又は不当な財務会計上の行為や怠る事実がある場合に，求めることができます（法242条1項）。住民監査請求は，対象となる行為があった日又は終わった日から1年を経過したときは正当な理由がない限りすることができません（同条2項）。

住民訴訟って何ですか？

住民訴訟というのは，住民監査請求を行った者が監査の結果に不満があるときなどに行う訴訟のことです。ただ，不当な財務会計上の行為や怠る事実は対象となりません。違法な財務会計上の行為や怠る事実だけが対象となります（法242条の2第1項）。住民訴訟は住民監査請求を行った者だけが起こすことができます（**監査請求前置主義**）。

監査委員

地方公共団体の財務や行政運営などが適正かチェックする機関。地方公共団体の執行機関のひとつ。

原則として有権者の3分の1以上

有権者が40万人を超える場合の特例があります。ただ，あまり気にしなくていいです。「原則3分の1以上」と覚えておけばいいでしょう。

職を辞めさせるもの

議会の解散は全員をいったん失職させることなので「職を辞めさせるもの」に含めて考えましょう。

住民

住民監査請求は有権者でなくても住民であれば可能です。

住民訴訟

行政事件訴訟法の類型でいうと民衆訴訟に当たります。

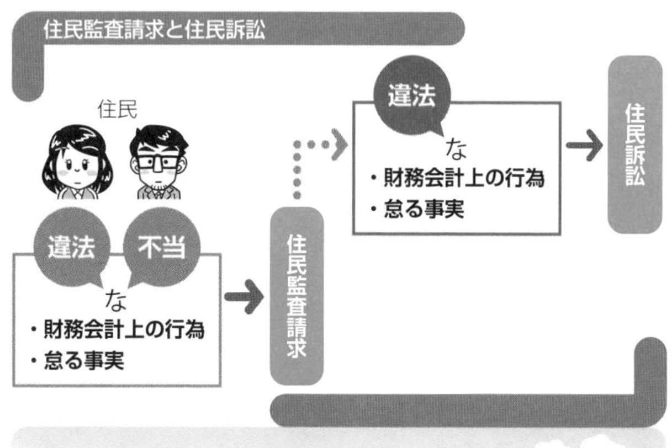

条例と規則は誰が定めるの？

条例は地方公共団体の議会が定めたものです。条例案の提出権は，首長にもありますが，議員や委員会にもあります。「義務を課し，又は権利を制限するには」条例によらなければならないとされています（法14条2項）。

規則はその権限に属する事務に関して首長が定めるものです（法15条1項）。こんなことをいうと少し混乱するかもしれませんが，教育委員会や公安委員会なども規則を定めることができます。すべての委員会が規則を定めることができるわけではなく，法律で権限を与えている委員会だけが規則を定めることができます。こうした規則を**委員会規則**といいます。委員会規則の内容が条例や規則とぶつかるときには，条例や規則が優先します（法138条の4第2項）。

首長

自治体の首長といえば，知事と市町村長ですが，東京23区では区長がこれに加わります。区は消防や上下水道，固定資産税の賦課徴収などを除いて，ほとんど市町村と同様の役割を果たしています。区長も規則を定めることができます。

委員会

国の場合，委員会は庁と並ぶ外局の一つです（8-1参照）が，普通地方公共団体では委員会は執行機関の一つです。たとえば，教育委員会は教育行政の執行機関（執行の責任者）となります。
なお，議会にも委員会がありますが，それはまったくの別物です（8-2参照）。議会における委員会は，専門分野について審査する場のことをいいます。

「8-3 地方自治のしくみ2」のまとめ

▶地方自治法には，有権者の一定の署名を集めることで条例を定めたり，改廃したり，議会を解散したり，首長をリコールしたりすることなどにつなげる直接請求の制度があります。
▶違法又は不当な財務会計上の行為や怠る事実がある場合には，住民１人でも住民監査請求ができます。
▶住民監査請求の結果に不満がある場合などには住民訴訟を起こすことができます。
▶条例は議会が定めるもので，規則は首長が定めるルールです。
▶行政委員会が委員会規則を定めることがあります。

問題26　住民訴訟　市役所

住民訴訟に関する次の記述のうち，妥当なのはどれか。

1. 住民訴訟は，住民であれば誰でもこれを提起することができ，また，１人からでもこれを提起できる。
2. 住民訴訟の対象となるのは，当該普通地方公共団体の執行機関や職員の違法または不当な行為，あるいは違法または不当な怠る事実に限られる。
3. 住民訴訟は，当該地方公共団体の選挙権を有する者に限って提起できるので，法人や外国人は提起権者にはなりえない。
4. 住民監査請求と住民訴訟はどちらから先に行ってもよく，住民監査請求を経ずに住民訴訟を提起することもできる。
5. 監査請求を経た住民が住民訴訟を提起できるのは，監査委員の監査の結果または勧告に不服がある場合に限られる。

解答

1　妥当である。住民監査請求は住民１人で行うことができ，その結果を踏まえて住民訴訟を行うことができます（地方自治法242条１項，242条の２第１項）。

2　妥当ではない。不当な行為や不当な怠る事実は住民訴訟の対象となっていません（同法242条の２第１項）。

3　妥当ではない。住民監査請求を行った住民であれば法人でも外国人でも可能です（同法242条１項，242条の２第１項）。

4　妥当ではない。先に住民監査請求を行った者だけが住民訴訟を起こすことができます（同法242条の２第１項）。

5　妥当ではない。設問の場合のほかにも，監査委員の勧告を受けても措置を講じないときや講じた措置に不服があるとき，監査委員が期間内に監査や勧告を行わないときも住民訴訟を起こすことができます（同法242条の２第１項）。

正解　1

8-4 国総 ★★ 国般 ★ 地上 ★★ 市役所 ★

公務員・国有財産・公有財産
～公務を支える人と物～

公務員についての根本基準を定めるものとして国家公務員法と地方公務員法があります。「公務員として働く」ことは「会社で働く」こととは異なるしくみや考え方があります。そんな公務員の世界について出題事項を押さえながらみていきます。また，公務を支えるのは人ばかりではありません。公務を支える「物」も必要になります。その役割に注目して「公物」として学びましたが，ここでは財産管理の面から公務を支える「物」をみていきましょう。

特別権力関係
「○○関係」という言葉に違和感を感じるかもしれません。「どのような法的な関係が存在するのか」という意味で使われています。国と国民との一般的な関係とは異なる関係が何らかの理由で生じているのではないかという意味で特別権力関係という言葉が使われています。

公務員関係は特別権力関係なの？

公務員関係は昔，**特別権力関係**にあるものとして説明されていました。ただ，今はそうは説明されていません。

特別権力関係というのは，特別な原因，たとえば，罪を犯して刑務所に収監されるとか，自ら望んで公務員となる（公務員関係に入る）などにより生じた関係をいいます。特別権力関係では，国（地方公共団体）と国民（住民）間の一般的な関係とは違い，権利制限も自由にできるとされていましたし，その間に生じたトラブルを裁判所に出訴できないとされていたのです。しかし，現在では，公務員の人権のことを考えると，こうした特別権力関係は認められるはずもありません。

国と国民との一般的な関係
一般権力関係といいます。

たとえば，公務員は一定の政治的行為が禁止されていたりしますが，それは特別権力関係からではなく，職務との関係で求められるものであり，特別権力関係にあるからではありません。公務員の権利に対する制限は，制限の根拠となった法律の目的や目的のための手段との合理性のなかで説明されなければならないものとされています。公務員の労働基本権の制限について，判決（最大判昭 41・10・26）も「合理性の認められる必要最小限度のものにとどめなければならない」と述べています。

公務員の政治的行為の禁止
地方公務員法36条，国家公務員法102条に定めがあります。

公務員には一般職と特別職があると聞いたけど？

国家公務員，地方公務員のどちらにも**一般職**と**特別職**があります。国家公務員の場合，内閣総理大臣，国務大臣，人事官や検査官，副大臣，そのほか政治的な任用職などは特別職となります。それに加えて，国会職員や裁判官・裁判所職員，防衛省の職員なども特別職です。

地方公務員では，選挙で選ばれる職，議会の選挙，議決，同意で選ばれる職，地方公営企業の管理者・企業団の企業長の職，審議会の委員などが特別職となります。特別職でない者は一般職となります。

一般職か特別職かの大きな違いは公務員法の適用があるかどうかです。特別職の公務員には，国家公務員法や地方公務員法がストレートに適用されません。必要な規定は，たとえば国会職員法といった独自の法令で定められます。

政治的な任用職

政治家（国会議員）から選ばれたり，政治家としての大臣が選んだり，国会の同意を得て任命される公務員の職のことです。

公務員は能力主義なの？

地方公務員法15条には「職員の任用は，この法律の定めるところにより，受験成績，人事評価その他の能力の実証に基づいて行わなければならない」とあります。国家公務員法33条1項にも同様な規定があります。特定の人を特定の職に就けることを**任用**といいます。任用には，採用，昇任，降任又は転任の方法があります。

転任

職員を現在の職以外の職に任命することで，しかも，昇任にも，降任にも当たらないものをいいます。

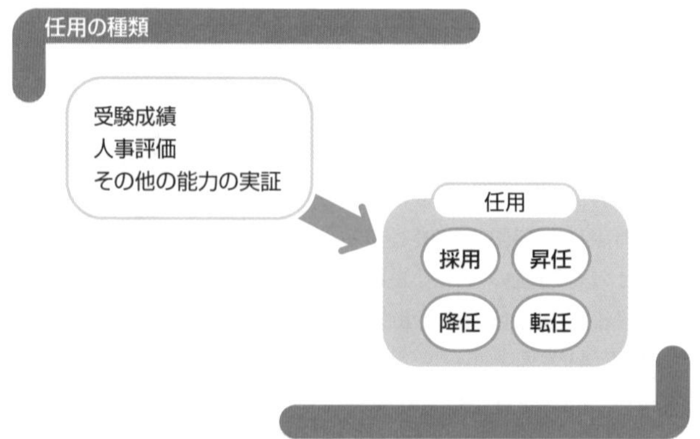

任用の方法として一番に挙げられているのが受験成績です。受験成績で行うとあるのですから，採用は**競争試験**がメインになります。場合によっては**選考**（競争試験以外の能力の実証に基づく試験）という方法もあります。人事評価はもう説明はいらないでしょう。その他の能力の実証としては，一定の職員の任用については，一定の経験や資格があることなどを踏まえて行うことがあります。

公務員の身分を失うときはどんなとき？

公務員の身分を失う場合として失職，免職，辞職の場合があります。失職の場合から考えてみると，欠格事由に当たって当然に失職する場合や定年を迎えて失職する場合があります。公務員が選挙に立候補したときにも失職します。失職の場合には一定事由に当たればそれで失職するのです。

免職には**分限免職**と**懲戒免職**があります。分限免職はその職務を十分に担うことができないとして免職されるものです。懲戒免職は，公務員法違反や職務義務違反などがあったり，全体の奉仕者にふさわしくない非行があったとして免職となる場合です。分限免職も懲戒免職も行政処分として行われます。

辞職は，やめようとする公務員が自発的に申し出て退職するものです。ただ，公務員の場合には辞職願を出して，それが認められることで公務員関係が失われます。

公務員の身分を失う場合

失職	免職	辞職
・失格事由への該当 ・定年 ・選挙への立候補	・分限免職 ・懲戒免職	・退職願の受理

欠格事由に当たる

求められている資格を満たさなくなることです。地方公務員法16条，国家公務員法38条に規定があります。成年被後見人又は被保佐人，禁錮以上の刑に処せられ，その執行を終わるまで又はその執行を受けることがなくなるまでの者などが欠格事由として定められています。

国有財産と公有財産って何？

国有財産というのは国が所有する財産のことです。**公有財産**というのは地方公共団体が所有する財産のことです。個別の財産管理法のほかに，国有財産については国有財産法という法律があります。公有財産については地方自治法（238条～238条の7）に規定があります。どちらも同様なことが定められていますが，ここでは国有財産を中心に説明します。

まず，国有財産には不動産ばかりでなく，地上権や地役権のほか，特許権，著作権，株式なども含まれます（国有財産法2条1項）。公有財産についても同様です（地方自治法238条1項）。

行政財産と普通財産とに分類できると聞いたけど？

国有財産は**行政財産**と**普通財産**に分類できます（国有財産法3条1項）。公有財産も同じです（地方自治法238条3項）。

公物を公用物と公共用物に分類しましたが，国有財産法では，行政財産も公用財産と公共用財産に分けています（国有財産法3条2項）。これに皇室用財産，森林経営用財産を加え，行政財産の種類としています。

行政財産でない財産は普通財産です。これは国有財産でも公有財産でも同じです（国有財産法3条3項，地方自治法238条4項）。

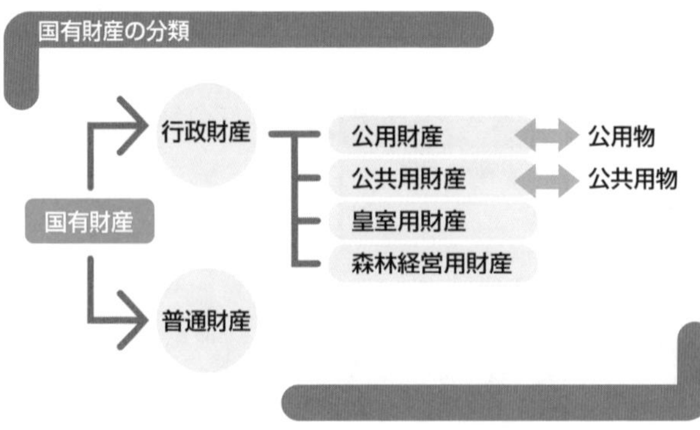

森林経営用財産

国有財産法3条2項4号には「国において森林経営の用に供し，又は供するものと決定したもの」とあります。

公用財産と公共用財産

官公署などとして直接的には公務員に使わせている財産が公用財産です。公物の役割からいえば公用物に当たります。一方，直接，住民に使わせている財産が公共用財産です。図書館，道路，公園などがこれに当たります。公物の分類でいえば公共用物となります（3-3参照）。

国有財産や公有財産は自由に売ったりできる？

普通財産については，貸し付けたり，交換したり，売り払ったり，譲与したり，私権を設定することができますが（国有財産法20条，地方自治法238条の５），行政財産は基本的にこうしたことはできません。しかし，一定の場合には，その用途や目的を妨げない限度において，貸し付けたり，私権を設定することができることとされています（国有財産法18条２項，地方自治法238条の４第２項）。

譲与

無償で譲渡すること。

私権

公法上の権利ではなく私法上の権利のこと。土地や建物に抵当権を設定するなどは私権の設定の例といえるでしょう。

「8-4　公務員・国有財産・公有財産」のまとめ

- ▶公務員関係について以前は特別権力関係にあるものとして捉えられてきましたが現在ではそうした見方はされていません。
- ▶国家公務員にも地方公務員にも一般職と特別職があります。
- ▶一般職の国家公務員には国家公務員法が，一般職の地方公務員には地方公務員法が適用されます。
- ▶職員の任用は，受験成績，人事評価その他の能力の実証に基づいて行わなければならないとされています。
- ▶公務員の身分を失う場合として失職，免職，辞職の場合があります。
- ▶国が所有する財産を国有財産といいます。公有財産というのは地方公共団体が所有する財産のことです。
- ▶国有財産も公有財産も，行政財産と普通財産に分類できます。

問題27　固有財産　国家専門職

国有財産に関するア～エの記述のうち，妥当なもののみを全て挙げているのはどれか。

ア．国の負担において国有となった不動産は国有財産に含まれるが，当該不動産の従物たる動産は国有財産に含まれない。

イ．国有財産は行政財産と普通財産に分類され，行政財産は公用財産，公共用財産，皇室用財産及び企業用財産の四つの種類に分けられる。

ウ．普通財産は，行政財産以外の一切の国有財産であり，その管理及び処分に当たっては，一定の場合を除き，私法の適用を受ける。

エ．行政財産は私権の対象とすることができず，これに違反する行為は無効である。

1　ウ
2　エ
3　ア，イ
4　ア，ウ
5　イ，エ

解答

ア　妥当ではない。不動産の従物である動産も国有財産に含まれます（国有財産法２条１項３号）。なお，従物というのは，建物についての畳や土地についての石灯篭などです。民法87条２項には「従物は，主物の処分に従う」とあります。

イ　妥当ではない。設問のうち「企業用財産」は「森林経営用財産」の誤りです（国有財産法３条２項）。

ウ　妥当である。普通財産は貸し付けたり，交換したり，売り払ったり，譲与したり，私権を設定することができ（国有財産法20条１項），私法の適用を受けます。

エ　妥当ではない。行政財産は基本的に私権の対象とすることはできませんが，一定の場合には，その用途や目的を妨げない限度において，貸し付けたり，私権を設定することができることとされています（国有財産法18条２項）。

以上から　妥当なものは**ウ**だけであり，正解は**1**となります。

正解　1

さくいん

■ 吉田 としひろ
衆議院法制局で15年にわたり法律や修正案の作成に携わる。退職後は行政法関連書籍などの執筆，監修や自治体の審議会委員，アドバイザーなどを勤める。著書に『元法制局キャリアが教える 法律を読む技術・学ぶ技術（第３版）』（ダイヤモンド社）『スピード解説行政法』（実務教育出版）など。

■ デザイン・組版
カバーデザイン　斉藤よしのぶ
イラスト　タイシユウキ
本文デザイン　パラゴン
DTP組版　ISSHIKI

●本書の内容に関するお問合せについて

本書の内容に誤りと思われるところがありましたら，まずは小社ブックスサイト（jitsumu.hondana.jp）中の本書ページ内にある正誤表・訂正表をご確認ください。正誤表・訂正表がない場合や訂正表に該当箇所が掲載されていない場合は，書名，発行年月日，お客様の名前・連絡先，該当箇所のページ番号と具体的な誤りの内容・理由等をご記入のうえ，郵便，FAX，メールにてお問合せください。

〒163-8671　東京都新宿区新宿 1-1-12　実務教育出版　第２編集部問合せ窓口
FAX：03-5369-2237　E-mail：jitsumu_2hen@jitsumu.co.jp

【ご注意】
※電話でのお問合せは，一切受け付けておりません。
※内容の正誤以外のお問合せ（詳しい解説・受験指導のご要望等）には対応できません。

公務員試験
最初でつまずかない行政法

2020年８月10日　初版第１刷発行　〈検印省略〉

著　者――吉田としひろ
発行者――小山隆之

発行所――株式会社 実務教育出版
〒163-8671　東京都新宿区新宿１-１-12
☎編集　03-3355-1812　販売　03-3355-1951
振替　00160-0-78270

印　刷――壮光舎印刷
製　本――東京美術紙工

ISBN978-4-7889-4530-2　C0030　Printed in Japan
落丁・乱丁本は本社にておとりかえいたします。